동유럽 근현대사

제국 지배에서
민족국가로

동유럽 근현대사

· 오승은 지음 ·

책과함께

Za one nevine žrtve etničkog čišćenja
Za оне невине жртве етничког чишћења
민족청소의 무고한 희생자들을 추모하며

* 첫 줄은 보스니아·크로아티아어, 두 번째 줄은 세르비아어다.

차례

결론: 세 번째 민족국가 건설(1989~)과 극우 민족주의의 도전

낯선 동유럽 역사

1. 동유럽 역사라는 공백

—

'3중의 문명 교차로' 동유럽은 역사가 복잡한 곳이다. 유럽, 아시아, 아프리카 대륙이 만나고, 더불어 동방정교, 서방 가톨릭, 이슬람 3대 종교 문명이 1500년 이상 만나고 교차하며 각축을 벌인 역사는 복잡하게 얽히고설켜 있다. 그럼에도 우리의 동유럽 역사에 대한 이해는 깊고 두텁지 못하다.

1989년 냉전 해체 이후 동유럽에 대한 지식과 정보는 하루가 다르다 할 정도로 계속 증가함에도, 역사적 깊이를 담은 이해나 통찰은 여전히 부족하다. 한국인들에게 각광받는 체코나 크로아티아에 대한 여행기가 인터넷에서 넘쳐나고, 텔레비전에서는 일주일에도 몇 번씩 동유럽 여행이나 음식 문화를 다룬 프로그램이 나온다.

이런 인기를 반영하듯 서점 판매대에는 종류도 다양한 동유럽 여행서가 서유럽 여행서 옆에 나란히 놓여 있다.

그러나 넘쳐나는 동유럽 이야기들은 피상적 관찰에 머무르고 있어, '아름다운 자연', '오랜 역사' 혹은 '유럽의 화약고' 같은 정형화된 내러티브를 반복하고 있을 뿐이다. 체제이행 이후 빈곤 문제가 심화돼 몰락한 중산층이 길거리 쓰레기통을 뒤지고, 돈 없는 가장이 분신자살을 하며, 부패한 정치인에 대한 실망으로 대규모 시위가 빈번하지만, 한국의 언론에서 그려내는 동유럽은 그저 평화롭고 목가적이기만 하다. 가끔 1989년 혁명을 기리며 방영되는 동유럽 다큐멘터리는, "문제가 많았던 동유럽이지만 유럽연합이라는 '천국행 티켓'을 손에 쥔 후 번영의 길로 향하고 있다"라는 내러티브를 몇 년째 반복하고 있다.

우선 동유럽 역사를 다룬 책이 너무 적다. 국내 저자가 쓴 동유럽 역사서가 단 한 권(이정희, 《동유럽사》, 대한교과서, 2005)에 불과하다. 이런 세태를 반영하듯 중·고등학교 교과서에 실린 내용은 부정확하기 그지없다. 세계사 교과서 중 인지도가 높은 《살아있는 세계사 교과서》를 살펴보자. 이 책은 '유럽 중심주의적인 세계사 교과서 지양'을 목표로 내세우며 대안 교과서로 출간되었다. 그러나 동유럽 역사에 할애된 부분은 단 3쪽이다. 동유럽이 세계사에 그렇게 큰 비중을 차지하는 지역은 아니므로 소략한 것은 이해할 수 있다. 그런데 그 짧은 역사 서술에서조차 동유럽 역사에 대한 이해 부족이 여실히 드러난다. 예를 들어 "동유럽에 전해진 비잔티움 문화" 부분을 보자.

> 서유럽보다 비잔티움 문화의 영향을 더 강하게 받은 것은 동유럽의 슬라브 족이었다. 그들은 비잔티움을 통해 그리스 정교와 문자 등을 받아들여 나름의 문화를 가꾸어 나갔다. 특히 키예프를 중심으로 막 탄생한 신생국 러시아는 그리스 정교를 받아들이면서 나라의 힘을 키웠고, 15세기 중반 비잔티움 제국이 멸망한 다음에는 그 후계자를 자처하기도 하였다.[1]

동유럽의 비잔티움 문화 수용을 다루는 이 짧은 글에서 두 가지 오류가 눈에 띈다. 첫째 '그리스 정교'라는 명칭이다. 동유럽 국가에서 믿는 기독교는 '그리스 정교'가 아니라 '동방정교', 혹은 줄여서 '정교'라고 표현된다. 그리스 정교는 동방정교를 믿는 그리스 분파를 지칭하는 것이지, 동방정교 전체를 통칭하지 않는다. 세르비아에서는 세르비아 정교로, 불가리아에서는 불가리아 정교로 불린다. 가톨릭은 로마 교황청이라는 총본부가 있고, 각국 가톨릭은 그 지부를 형성하는 식으로 발전해왔다. 그러나 동방정교에는 그런 교회본부가 존재하지 않으며, 각국의 정교회는 서로 독립적인 위상을 부여받는다.

둘째, 동유럽 사람들은 '그리스 문자를 받아들인 것'이 아니라 새롭게 슬라브 문자를 창제한 것이다. 한국인에게 1446년 한글 창제가 중요한 것만큼이나, 896년 슬라브 문자, 즉 키릴(Cyrill)문자 창제는 슬라브인들에게 중요한 역사적 사건이다. 키릴문자가 그리스 출신의 선교사에 의해 창제되긴 했으나, 그리스 문자를 그대로 받아들인 것이 아닌 구어 슬라브어를 표현할 슬라브 문자를 새롭게 고안한 것이다. 키릴문자는 중세 대제국으로 번성했던 불가리아가 뛰어난 정치력과 외교력을 동원하여 이룩한 중요한 업적이다.

불가리아는 우리에게 요구르트 광고로 기억되기도 하지만, 10~12세기에는 두 번이나 대제국을 수립할 정도로 발칸 유럽의 강국이었다. 비잔틴 제국에 맞설 정도로 강력한 세력을 형성한 중세 불가리아 왕국은 '비잔틴 정교 문화'와는 다른 독자적인 '슬라브 정교 문화'를 구축하고자 했다. 그 결정적 동력을 제공한 것이 키릴문자 창제다.

불가리아 제국의 오흐리드(현재는 마케도니아령) 출신의 두 학자 나움(Naum)과 클리멘트(Kliment)가 시메온 1세의 후원을 받고 창제한 것이 바로 키릴문자다. 보통 키릴로스와 메토디우스 형제가 만들었다고 알려져 있는데, 이들이 9세기에 만든 것은 종교 제례 문자(글라골 문자)다. 현재 동유럽 정교 문화권(세르비아, 불가리아, 마케도니아)과 러시아에서 쓰이는 키릴문자는 그들의 제자 나움과 클리멘트가 창안한 것으로 스승의 노고를 기려 '키릴문자'로 명명했을 뿐이다(이를 기려 불가리아 소피아 대학 앞에는 나움과 클리멘트의 동상이 세워져 있다).

중세 불가리아는 '신생국 러시아'보다 앞서 동방정교를 받아들였을 뿐만 아니라 키릴문자를 창제해 러시아로 전달했다. 지금이야 러시아가 강대국이지만 중세에도 그랬던 것은 아니다. 동유럽 사람들의 입장에서 보면 동유럽 역사를 이야기한다면서 러시아에 더 방점을 두는 이런 역사 서술은 모욕적으로 느껴질 수도 있다. 동유럽은 18세기 이후 강력한 제국으로 성장한 러시아 때문에 집단 생존권과 주권이 끝없이 침해당한 역사를 겪었다. 식민지 역사의 아픔과 질곡이라면 어느 누구보다도 쉽게 공감할 수 있는 게 한국인이다. 그런 우리나라에서 나온 세계사 교과서, 그것도 (서)유럽 중심주의를 극복한다는 대안 교과서가 강대국 중심적인 관점을 그대로 반영하고 있는 것은 동유럽 역사에 대해 알려진 바가 적기 때문이겠지만 그럼에도 받아들이기 힘들다.

동유럽 역사 이해에 대한 '공백'을 논하는 김에, 예를 하나 더 들어보겠다. 냉전 해체 이후 동유럽 영화들이 꾸준히 소개되고 있다. 국제영화제에서 상을 받았거나 이슈가 된 동유럽 영화들은 얼마 지나지 않아 한국의 영화관에서도 볼 수 있다. 그런데 동유럽 영화에 대해서도 역시나 탈맥락화된 이야기들이 나오고 있다. 국내에서 개봉됐던 보스니아-헤르체고비나 영화 〈노 맨스 랜드(No Man's Land)〉가 그런 예다.

나는 2003년 세르비아에 갔을 때 친구네 집에서 비디오로 처음 본 이후로 이 영화의 팬이 되었다. 보스니아 전쟁(1992~1995)의 비극과 모순을, 어떤 학문적 글쓰기보다 잘 표현해낸 영화였다. 대형 스크린으로 보면 더 좋겠다 싶어 한국 개봉에 맞춰 광화문의 한 영화관을 찾았다.

그런데 영화관 로비에서 영화를 소개하는 안내 전단지를 집어든 순간 당황했다. "살짝만 건드려도 터져버리는 웃음의 지뢰밭"이라는 문구가 쓰여 있었다. 보스니아 전쟁의 비극과 모순을 날카롭게 그린 작품이 '코미디'로 뒤바뀌어 있었던 것이다. 민족주의라는 '지뢰'를 잘못 건드려 살아도 산목숨이 아닌 보스니아 사람들의 비참한 현실을 그린 이 영화에 신랄한 풍자 요소가 없는 것은 아니지만, 그렇다고 그 비극을 코미디로 소개하는 것은 말이 안 된다. 문제의 문구는 DVD 케이스에도 그대로 쓰였다. 지금도 〈노 맨스 랜드〉 DVD를 보려면 그 문구를 보게 된다.

한 신문에 실린 〈레들 대령(Redl ezredes)〉에 대한 영화평[2]도 우리의 동유럽 역사 이해가 얼마나 얕은지 잘 보여준다. 〈레들 대령〉은 합스부르크 제국의 정보 책임자 자리까지 올랐으나 스스로 목숨을 끊은 레들(1864~1913)이라는 실존인물의 비극적 삶을 다룬 영화다.

영화평은 '누구를 위한 애국인가?'를 되묻게 하는 그 영화의 비애감을 잘 포착해내고 있었다. 그런데 레들의 '애국심'은 문제 삼으면서도, 그 애국심이 왜 문제가 되는지에 대한 역사적 맥락은 놓치고 있었다. 그의 애국심이 문제가 됐던 것은 레들이라는 한 '개인' 때문이 아니라 합스부르크 제국의 지배를 받는 피지배 민족 헝가리 출신이기 때문이었다. 영화에서 레들은 맹목적일 정도로 황제에게 충성하는데, 그 충성은 헝가리 '민족'의 입장에서 보면 '반역'

이요 배반이다. 그럼에도 불구하고 영화를 만든 서보 이스트반(Szabo Istvan) 감독은 레들을 반영웅(anti-hero)으로 그려 그를 질타하거나 비난하지 않는다. 오히려 연민에 찬 시선으로 레들이라는 '불안한 영혼'의 비극적 삶을 쫓아간다. 바로 레들의 삶 자체가 제국 지배의 근본적 모순과 위선에 대한 생생한 증언이 되기 때문이다. 그러나 영화평에서는 헝가리라는 말이 단 한 번도 언급되지 않았다.

2. '후진' 동유럽?

—

역사 이해의 공백 외에 책을 쓰겠다고 마음먹은 두 번째 동기는 여기저기 동유럽에 관한 이야기 속에서 언뜻언뜻 드러나는 차별적 시선 때문이다. "오랫동안 사회주의 국가로 지내온 탓에 개방이 되었다지만 아직도 무언가 모르게 어둠이 드리워져 있는 유럽의 변방 국가들" 같은 어느 인터넷 여행기의 표현처럼, 많은 사람들이 서유럽을 중심에 놓고 유럽을 이해하다 보니 동유럽은 2등 유럽 정도로 치부되는 경향이 있다.

크로아티아가 20년을 기다린 끝에 2013년 7월 유럽연합에 가입한 직후, 한 유럽학회에 토론을 하러 간 적이 있다. 토론을 마치고 나니 서유럽을 전공한 선생님 한 분이 열변을 토하신다. "크로아티아같이 정치적으로 후진적인 나라를 유럽연합에 가입시킨 것은 중대한 실수"라고. 그 이야기를 들으면서 '유럽연합이 도대체 얼마나 민주적인 조직이라고 우리가 신생 가입국의 자격을 왈가왈부하는 가'라고 되묻지 않을 수 없었다.

유럽의 지정학적 요충지인 발칸반도와 그 위쪽에 위치한 중동부 유럽의 역사는, 동북아시아의 지정학적 요충지인 한반도의 역사와 너무나도 흡사하다. 한국의 역사가 강대국 사이에 끼여 살아남기 위한 투쟁의 역사였듯이, 동유럽 역사도 대제국과 강대국 사이에 끼여 생존권과 주권을 지키기 위해 몸부림쳐야 했던 생존투쟁의 역사다. 동유럽을 부르는 독일어 별명 '사이에 끼인 유럽(Zwischen Europa)'은 그런 동유럽의 지정학적 위치를 잘 표현해준다.

6세기 슬라브족 이주 이후 현재까지 동유럽은 제국과 제국 사이, 강대국과 강대국 '사이에 끼여' 살아남기 위한 생존투쟁을 줄기차게 벌여왔다. 동유럽이 소위 '유럽의 화약고'가 된 것은 동유럽 사람들끼리 치고받고 싸워서가 아니라, 주변 힘센 세력들이 하필이면 동유럽에서 전쟁을 벌인 까닭이 더 크다.

11세기 십자군 전쟁처럼 서유럽 세력이 동진하고자 하

든, 또 역으로 16세기 오스만튀르크 제국(이하 오스만 제국) 같은 아시아 세력이 유럽으로 서진하고자 하든, 동유럽은 어김없이 '전쟁터'가 되었고 사람들은 원치도 않은 전쟁에 휘말려 피를 흘려야 했다. 단순화하자면 동유럽의 역사는 '고래 싸움에 새우 등 터진' 역사라 할 수 있다. 비유하자면 일제 침략기 청일전쟁과 러일전쟁이 연달아 일어난 한반도 정세가 동유럽에서는 1500년간 쉼 없이 펼쳐졌다고 하겠다. '유럽의 화약고'라는 표현은 동유럽 사람들이 겪어온 질곡의 역사를 담아내기엔 너무 협소하다.

적어도 전공자인 내게 동유럽은 한반도의 '이란성 쌍둥이' 같은 곳이다. 나는 동유럽을 공부하면 할수록 어렸을 때 헤어진 '이란성 쌍둥이' 형제를 어른이 돼서 다시 만나는 것 같은 느낌을 받는다. 한 형제는 '유럽의 동쪽'에서 살고, 다른 형제는 '아시아의 동쪽'에서 살면서 비슷한 삶의 노정을 겪어온 쌍둥이. 우리와 비슷한 역사를 겪어온 동유럽 사람들에게 '2등 유럽'이라는 낙인을 찍는다면, 그것은 '잘사는' 서쪽 이웃 편을 들어, 자기와 비슷한 처지의

형제를 '못산다'고 비웃는 왜곡된 자화상이 투영된 것이
아닐까.

　나는 동유럽 역사의 모든 것이 정당하고 옳기만 하다는
얘기를 하거나 그들의 입장을 옹호하려는 것은 아니다. 다
만 그들이 외세의 침략 속에서 얼마나 많은 슬픔과 고통
을 겪었을지 헤아려보았으면 한다. '후진적', '2등 유럽'이라
는 동유럽에 대한 피상적 상식, 더구나 서유럽에 의해 생
산된 상식은 잠시 접어두고 한반도와 무척이나 흡사한 그
들 역사의 궤적을 따라가 보았으면 한다. 세계에서 한국만
큼 동유럽의 역사적 질곡과 아픔에 공감할 수 있는 나라
도 많지 않을 것이다.

서구 중심 역사관 극복으로서의
포스트식민주의

1. 서구 보편적 역사주의의 문제점

—

1989년, 동유럽과 서유럽을 나누던 철의 장벽이 무너지자 많은 사람들은 유럽이 다시 하나가 될 것으로 기대했다. 그러나 이는 동·서유럽의 분단이 44년간 지속된 철의 장막의 역사를 훨씬 더 거슬러 올라가는 오랜 뿌리를 둔 현상이라는 점을 간과한 섣부른 기대였다. 동유럽과 서유럽이 각기 다른 역사적 행로를 걷게 된 것의 시작은 4세기 동로마·서로마 제국의 분리와 그 뒤에 이은 11세기 동·서 기독교의 분리로까지 거슬러 올라간다.

그러나 현재와 같이 '정통 유럽' 서유럽, '2등 유럽' 동유럽과 같은 위계적인 차별의 의미가 부여되지는 않았다. 동유럽을 '2등 유럽'이라는 시각에서 보게 된 것은 16세기부터였다. 서유럽이 근대 세계체제의 승자로 등장하면서 생긴 변화였다. 로마 제국과 기독교가 분리될 때만 해도, 동유럽과 서유럽 사이에는 위계적인 차이가 존재하지 않았다. 그러나 근대 세계 형성 과정에서 승자로 부상한 서유럽은 '유럽'이라는 이름을 전유하며, 그 의미와 상징을 독점해왔다. 그 결과 동유럽이라는 명칭 앞의 '동'은 단순히 '동쪽의 유럽'만을 뜻하지 않게 되었다. 유럽은 '동유럽'과 '서유럽'으로 나뉜 것이 아니라 '유럽' 대 '동유럽'으로 나뉘게 되었다.[1]

서유럽은 같은 유럽 대륙에 위치했을 뿐만 아니라 기독교 로마 제국이라는 같은 동근성을 공유했음에도 동유럽을 유럽적 소양과 자질을 결여한 '2등 유럽'으로 주변부화했다. 잘 알려진 것처럼, 서유럽이 주도하는 근대 세계체제의 지정학적 상상계는 유럽과 비유럽 지역을 나누었고, 동유럽은 유럽이면서도 유럽이 아닌, 중심부 서유럽의 주변부로 구축되었다.

서구에 의해 역사가 주도되면서, 서유럽 중심주의적 역사관은 동유럽 연구의 지배적 패러다임으로 부상했다. 지난 200년간 동유럽 역사 연구의 주요 관심사는 동유럽이 같은 유럽 대륙에 위치함에도 불구하고 왜 서유럽만큼 발전하지 못하는가의 문제를 다루는 것이었다. 디페시 차크라바르티(Dipesh Chakrabarty)가 말하는 '역사주의', 즉 전 세계 모든 국가들의 역사가 같은 경로를 통해 발전하며,[2] 그 발전 도상에서 '유럽은 먼저', '비유럽은 나중'이라는 학문적 패러다임이 동유럽에도 그대로 수용되었다. 동유럽 연구자들은 같은 로마 제국이라는 동근성을 가짐에도, '왜 동유럽이 서유럽에 비해 정치적·경제적으로 후진적이 되었는가'라는 문제의식에 천착해왔다.[3]

이런 질문에 대해 문제의 원인을 내재적 요인에서 찾는 연구보다는 외재적 요인에서 찾는 연구가 주류를 형성해왔다. 내재적 요인파는 특권에 집착하는 귀족 계급, 배타적 민족주의, 불안정한 정치체제 같은 요인을 지목한다.

반면 외재적 요인파는 외세의 침략을 침체의 가장 큰 원인으로 본다. 이들은 역사적 황금기를 구가하던 중세 동유럽이 외세의 침략으로 발전의 동력을 상실하게 되었다고 본다. 외재적 요인파의 주장에서 한 가지 흥미로운 점은 유독 오스만 제국을 향해 날선 외세 비판을 가한다는 점이다.

가령 16세기 이후 오스만 제국과 함께 동유럽에 군림했던 합스부르크 제국의 지배에 대해서는 상대적으로 그렇게 날선 비판을 가하지 않는다. 합스부르크 제국의 지배가 오스만 제국의 지배보다 더 관용적이지도, 덜 착취적이지도 않았음에도 불구하고, 비판은 일방적으로 오스만 제국만을 향한다. 오리엔탈리즘이라는 인식 틀 속에서 동유럽 사람들은 자신들을 지배했던 외세 세력도 동쪽이냐 서쪽이냐로 나누어 차등을 두어 평가하고 있다. 똑같은 과거의 외세 지배자였더라도, 현재 그 후예가 잘살 경우(독일과 오스트리아), 프로이센이나 합스부르크 제국에 대해서는 상대적으로 후한 평가를 내린다. 반면 지금은 못살고 동양이라고 천대받는 터키(오스만 제국의 후예)에 대한 평가는 혹독하다.

에드워드 시이드를 진유하자면, 오리엔탈리즘(Orientalism) 피해자에 의한 오리엔탈리즘 재생산이 동유럽 역사 해석에서도 나타난 것이라고 할 수 있다. 서유럽은 근대 이후 상상의 지리로서의 동양을 비하하고 차별했는데, 이는 동유럽도 예외가 아니었다. 서유럽의 인식 체계 속에서 동방정교와 이슬람을 믿고, 비잔틴 제국과 오스만 제국의 지배를 받은 '유럽의 동쪽'은 동양 사람들과 다를 바 없이 '야만적', '후진적'이라는 인식이 팽배했다. 얄타체제에 의해 동·서유럽이 분단되었던 것도 이미 그 이전에 동·서유럽 관계에 있어서 오리엔탈리즘적 인식 틀이 작동하고 있었기 때문이다.

그런데 문제는 오리엔탈리즘의 피해자라 할 수 있는 동유럽 사람들이 오리엔탈리즘의 재생산에 참여한다는 것이다. 이런 현상을 두고 밀리짜 바키치-헤이든(Milica Bakić-Hayden)은 '오리엔탈리즘 둥지 틀기(Nesting Orientialism)'라고 부른다. 바키치-헤이든은 오리엔탈리즘이 동유럽 내에서도 좀 더 서쪽에 있는 나라들이 동쪽에 위치한 나라를 향해 차별과 비하의 시선을 보내는 현상을 비판한다.

동유럽이라는 이름에 대한 논쟁은 오리엔탈리즘이 동유럽 사람들에게 얼마나 내면화되어 있는지 단적으로 보여준다. 체코의 대표적 작가 밀란 쿤데라(Milan Kundera)는 1984년 《뉴욕 리뷰 오브 북스(New York Review of Books)》에 기고한 〈중부 유럽의 비극(The Tragedy of Central Europe)〉이라는 글에서, 체코는 가톨릭 문화권에 속하므로 서유럽의 일원이라는 주장을 폈다.[4] 쿤데라는, 체코는 스스로를 서유럽이라고 생각하는 '중부 유럽' 국가였지만 "2차 세계대전 이후 깨어나 보니 하루아침에 국경선이 동쪽으로 옮겨져 있었다"라고 주장했다. 냉전체제에서 동유럽 사람들이 의지와 상관없이 소련 진영으로 편입된 것을 비판한 것이다.

쿤데라의 이러한 비판에 타당성이 없는 것은 아니지만, 그 안에는 발칸 유럽에 대한 차별의 시선이 담겨 있다. 쿤데라의 얘기를 좀 더 논리적으로 밀고 가보자면 가톨릭 중동부 유럽 나라들과 달리 정교 문화권인 발칸 유럽은 소련이 지배를 받아도 상관없다는 말로 받아들여질 수도 있기 때문이다.

더군다나 쿤데라가 주장하는 '중부 유럽'은 독일어 '미텔에우로파(Mitteleuropa)'에서 나온 개념임을 고려한다면 그의 주장에 선뜻 동의하기 어렵다. 미텔에우로파는 독일과 오스트리아가 동유럽에 대해 보이는 게르만 제국주의적 함의를 갖는 용어다.[5] 전통적으로 독일이 보이는 패권 의도를 저지하기 위해, 체코슬로바키아의 초대 대통령 토마시 마사리크(Tomáš Garrigue Masaryk)는 일부러 '중동부 유럽(East Central Europe)이라는 말을 만들어냈다.[6] 그럼에도 서슬라브권 사람들이 굳이 게르만 헤게모니를 내포한 미텔에우로파라는 용어를 고집하는 심리는 복잡하기 그지없다. 남슬라브인을 비하해서라도, 서유럽 친밀성을 강조하는 가톨릭 서슬라브 문화권 사람들의 주장은 서구 중심주의가 어느 정도로 내면화되어 있는지 가늠하게 한다.

중동부 유럽 사람들은 특히 16세기 이후 구축된 서유럽 중심적인 지리 분할 체계를 거부하기보다는 서유럽으로 편입되어 그 인식의 위계질서에서 좀 더 높은 자리를 차지하고 싶어하는 경향이 있다.

2. 포스트식민주의 역사 서술과 서발턴 동유럽

이런 관점에서 볼 때, 2000년대 이후 동유럽에서 제기되고 있는 포스트식민주의 논의는 그동안의 서구 보편주의 역사관에 대한 근본적 재검토의 기획이라 할 수 있다. 아직은 소수 의견에 머무르고 있지만, 포스트식민주의 관점은 주류를 형성한 서구 보편적 역사 서술에 대한 대안으로 제시되고 있다.

이들 연구자는 동유럽에서 소련을 비롯한 여러 지배 제국은 해체되어 사라졌다고 하지만, 그 지배 유산이 남긴 문제들이 해결되거나 종식된 것은 아니라는 인식을 공유한다. 또한 냉전 해체 이후에도 지속되는 열강들의 신냉전(New Cold War) 구도에서 신식민주의(Neocolonialism) 양상까지 나타나고 있는 21세기 동유럽의 복잡한 현실을 세밀하게 파악하기 위해서 포스트식민주의 논의가 필요하다고 보고 있다.

동유럽 포스트식민주의 논의는 특히 1989년 이후 동유럽을 지배했던 이행론(transitology) 패러다임에 대한 반격으로 볼 수 있다. 1990년대에 걸쳐 동유럽을 압도했던 이행론은 서구 자본주의 체제로의 이행을 동유럽 사회가 지향해야 할 목표이자 당위로 설정했다. 이행론은 단순화하자면 '어떻게 하면 동유럽이 서유럽의 법과 제도를 하루빨리 받아들여 서유럽과 같은 수준으로 발전할 수 있는가'라는 서구 보편주의 문제 인식의 최신 버전이라 하겠다.

이행론에 따라 27년 넘게 이행이 진행되고 있지만, 동유럽 사람 다수의 나날이 어려워지고 피폐해지는 삶은, 자본주의 체제로의 이행을 만병통치약으로 제시하던 이행론의 문제점과 한계에 주목하게 만들었다. 이행론은 서구 중심적인 목적론적·발전론적 시나리오를 상정했던 바, 동유럽 사회가 겪고 있는 변화의 모호성과 복잡성을 제대로 파악하지 못한다는 비판을 받았다. 이들은 동유럽 사회가 처한 정치·경제·사회적 맥락이 다른데도 불구하고, 서유럽과 같은 행로를 밟을 것이라는 예측 자체가 불합리한 판단이었다고 본다.

원래 포스트식민주의 이론은 이른바 제3세계 연구 이론으로 기획되었다. 포스트식민주의는 주지하다시피, 자유주의를 표방하는 자본주의 사회의 형식적 평등 뒤에 숨겨진 차별적 권력 관계를 드러내고자 하는 비판 이론(critical theory)이다.[7]

그러나 포스트식민주의 연구에서 동유럽은 사각지대였다. 사이드의 오리엔탈리즘 연구,[8] 인도 연구자들의 서발턴 연구,[9] 로버트 영이 주도하는 트리컨티넨탈리즘(Tricontinentalism)[10] 등 포스트식민주의 연구의 주요 갈래들은 '지구의 남반구(Global South)', 즉 아시아, 아프리카, 남미를 고찰한다. 동유럽은 '지구의 남반구'에 포함되지 않았다.

이는 포스트식민주의 연구자들이 주로 마르크스주의 성향을 띤다는 사실과 무관하지 않았다. 포스드식민주의 연구를 주도한 좌파 성향의 연구자들은 제3세계 악의 근원은 제1세계가 뿌린 것이고, 그러므로 제2세계가 대안이

라고 믿었으나, 현실사회주의 붕괴와 더불어 그러한 믿음도 흔들리게 되었다.[11]

　동유럽 포스트식민주의 논의가 본격적으로 시작된 것은 2009년 베르데리(Katherine Verdery)와 차리(Sharad Chari)가 동유럽에 대한 포스트식민주의 이론화 작업을 제안하면서부터였다.[12] 베르데리와 차리는 '제2세계 동유럽', '제3세계 아시아, 아프리카'라는 인위적인 냉전시대의 지리적 구분을 버린다면 제국 해체, 강탈에 의한 자본 축적, 인종주의 폐해 등 주요 측면에서 제국의 식민 지배를 경험한 '제2세계'와 '제3세계' 간에 유비점이 있음을 지적한다. 사실 베르데리와 차리 이전에도 동유럽의 타자성을 주목하는 연구는 간헐적으로 발표된 바 있다.

　1994년 래리 울프(Larry Wolf)가 발표한 《동유럽의 발명(Inventing Eastern Europe)》은 이 점에서 선구적 연구라 할 수 있다.[13] 울프는 개념사 분야에서 서유럽에 의해 만들어진 동유럽이라는 주제를 처음 다루었다. 18세기 이후 유럽 문헌에서 동유럽이라는 말이 서유럽 문헌에 처음 등장한 이후, 어떻게 의미 변천을 겪으며 오늘날의 열등하고 미개한 동유럽이라는 이미지로 이어졌는지를 개념사적으로 꼼꼼하게 살피는 책이다.

발칸 유럽에 대해서는 불가리아 출신의 역사학자이자 철학자인 토도로바(Maria Todorova)가 사이드의 오리엔탈리즘을 발칸 유럽 연구에 도입했다. 토도로바는 1997년에 발표한 《발칸을 상상하기(Imagining the Balkans)》라는 책을 통해 서구의 '타자'로서 구성된 발칸 유럽이라는 개념을 제시했다. 발칸과 오리엔탈리즘을 합성한 '발카니즘(Balkanism)'이라는 신조어를 만들며, 발칸 유럽에 대해 가해지는 차별과 억압을 오리엔탈리즘 관섬에서 비판했다. 토도로바의 연구는 다수의 후속 연구를 촉발하여 영화, 국제관계, 인류학 등 다양한 분야에서 발칸을 '타자화'하는 메커니즘과 사례 들을 고찰하는 연구로 이어졌다.

포스트식민주의 논의 가운데 특히 동유럽과 연관성이 깊은 것은 서발턴(Subaltern) 연구다. 동유럽을 '유럽의 서발턴'으로 상정해볼 수 있기 때문이다. 서발턴은 원래 이탈리아의 마르크스주의자였던 안토니오 그람시(Antonio Gramsci)가 사회의 하층 계급을 지칭하기 위해 사용했던 말이다. 그 후 1980년대 중반 일단의 인도 역사학자들이 '서발턴 연구 집단(Subaltern Studies)'을 창설하여 일반화해 나갔다.[14] 즉 엘리트 집단 이외의 모든 종속적인 지위에 있는 사람들을 가리키는 명칭으로 포스트식민주의 연구 분야에서 널리 쓰이고 있다.

서발턴 주요 연구자 중 한 명인 차크라바르티가 《유럽을 지방화하기(*Provincializing Europe*)》에서 말한 '역사의 대기실'에서 동유럽 사람들도 역사의 주인공 서유럽을 바라보고 선망해왔다고 할 수 있다. 나란히 맞댄 이웃이라는 물리적 접근성 때문에 그 선망은 더욱 간절했고, 그런 만큼 선망이 낳은 왜곡과 좌절의 효과는 클 수밖에 없었다. 차크라바르티는 서유럽인이 비유럽을 역사화하는 '전근대적인 것', '종속적인 것'의 구분법 대신 비유럽 지역 고유의 특수성(specificity)으로 볼 것을 주창한다. 이를 동유럽의 맥락에 적용해보자면, 서구에 의해 '후진적'인 것으로 해석된

동유럽 역사 서술을 동유럽 맥락 고유의 특수성으로 볼 필요가 제기된다.[15]

서발턴 개념을 적용하여 서구 주류 역사의 관점에서 '열등'하거나 '비합리적'인 것으로 간주되어온 '2등 유럽' 동유럽의 역사를 재조명할 필요가 있을 것이다. 서발턴은 서유럽이 주도하는 다수자 역사와 동유럽과 같은 소수자 역사의 관계, 주류 역사와 비주류 역사의 불평등성을 재고찰하는 기제가 될 수 있기 때문이다.

3. 민족주의와 동유럽: 민족국가와 종족성의 관계

—

동유럽 역사 해석의 쟁점 중 하나는 민족주의다. 19세기 민족운동의 태동 이후 20세기 동유럽 역사의 최대 관심사가 민족국가 수립과 건설이었던 만큼, 민족주의에 대한 논의는 동유럽 역사학의 주요 쟁점이 되었다. 20세기는 피지배 민족들이 전 세계적으로 해방과 독립을 맞이한 시기로, 그 물꼬를 튼 것이 동유럽이었다. 1차 세계대전 종전과 더불어 1919년 동유럽의 피지배 민족들은 독립을 쟁취하며 주권국가를 수립했다.

그런데 민족국가 수립에 동반되는 배타적 경계 짓기는 다민족·다종교·다문화 공동체 속에서 수 세기를 살아온 동유럽 사람들에게는 엄청난 도전이었다. 여러 민족이 공유하며 함께 살아온 공간에 대해 특정 민족만이 영유권을 주장할 수 있는 민족국가의 수립은 그야말로 피를 부르는 폭력적인 과정이었다.

민족국가 민족화(nationalizing nation-state)의 추진 과정에서, 종족성(ethnicity)은 최대의 난제로 떠올랐다. 동유럽 신생국들은 독립을 이룩했음에도, 복수의 민족이 동거하는 다민족 사회였다. 각각의 민족이 갖고 있는 고유의 집단 공동체적 정체성을 종족성이라 할 때, 근대적 민족국가 건설의 요체는 다양한 집단이 갖고 있는 종족성을 더 큰 민족적 정체성(nationality)으로 통합하는 것에 달려 있었다.

그런데 이 종족성은 생각만큼 쉽게 사라지거나 약화되지 않아, 민족통합을 이루어 민족 정체성을 형성하는 데 장애물이 되었다. 민족국가가 만들어졌으면, 새롭게 민족 구성원으로서의 정체성이 만들어져야 했지만, 이는 쉽게 달성되지 않았다. 기존에 다양한 정체성을 갖고 있던 종족 집단들은 민족이라는 새로운 통합 정체성으로 흡수되기를 거부했다. 오히려 자신들의 종족적 정체성이야말로 민족 정체성이므로, 별도의 민족으로 인정받아야 한다고 주장했다.

브루바커(Rogers Brubaker)에 따르면, 민족국가 건설은 '핵심 민족화'하는 것에 다름 아니었다.[16] 국가 건설의 주도권을 쥔 핵심 민족(core nation)과 그 주도권에서 배제된 비핵심 민족으로 분리되었고, 신생 독립국가 건설은 모든 구성 민족을 포용하기보다는, '핵심 민족을 위한', '핵심 민족에 의한' 정체(政體) 만들기 과정으로 진행되었다.

핵심 민족은 여러 종족집단 중 국가 건설의 주도권을 쥔 집단으로 스스로를 국가의 적법한 '소유자'로 인식하며 주인 행세를 했다. 핵심 민족은 제1민족이기는 하나 그렇다고 수적으로 꼭 다수인 것은 아니었다. 핵심 민족의 목표는 새롭게 확보한 국가 권력을 통해 자민족의 이해관계를 최대한 추구하여 명실상부 강력한 민족국가를 발전시키고 그 주인 노릇을 하는 것이었다. 핵심 민족은 민족국가 건설 과정을 '오랜 외세 지배로 인해, 아직 확고하지 못하다고 인식한 자신들의 정치적·경제적·문화적 위상을 확고하게 만드는 과정'으로 이해했다.

핵심 민족은 1등 시민으로 각종 권리를 누리게 되는

반면, 비핵심 민족은 2등 시민으로서 차별과 배제의 대상이 되었다. 이러한 핵심 민족과 비핵심 민족 간의 대립은 민족 갈등을 불러왔고, 최악의 경우 민족청소(ethnic cleansing) 같은 유혈폭력으로 이어졌다.

이러한 근대 민족국가와 종족성 간의 상관관계는 서구의 민족주의 이론에서 조명하는 근대화 과정의 역할과는 정면으로 배치된다. 서구 민족주의 이론에서는, 민족통합 국가 건설은 일단 독립을 쟁취하고 나면 순차적으로 진행되는 과정으로 당연시되었다. 독립을 이룬 국가는 자연스레 자국의 경계선 안에 거주하는 다양한 종족집단(ethnic groups)을 통합하여 독립국가를 근대 민족국가(nation-state)로 전환해나가는 것으로 간주되었다.

특히 산업화를 추동하는 근대화 과정에서 강력한 통합력이 발휘되어, 민족국가 건설이 촉진되는 것으로 보았다. 근대화가 진전됨에 따라 다양한 제도들이 중앙정부 아래 통합되고 경제 교류가 증진되며, 교통 및 통신망이 확장됨에 따라 종족집단 간의 의사소통과 교류가 증가하게 된다. 이런 확대된 교류와 접촉을 통해, 종족집단 간의 차이점이나 특수성은 희석되고 공통점에 대한 인식이 더욱 높아지게 된다. 그 결과 사회 구성원들은 가지고 있던 각 종족적 특성을 지양하고 국가 단위의 더 큰 민족 정체성을 공유하게 되어, 민족통합 국가가 건설될 수 있다고 보았다.

그러나 실제 동유럽 민족국가 건설 과정에서, 민족주의 이론이 상정하는 바와 같은 종족집단의 통합은 쉽사리 일어나지 않았다. 각 집단의 종족적 정체성은 약화되기는 커녕 더욱 돌출되어, 민족통합 국가 건설을 막는 주요한 장애물이 되었다. 근대화가 진전됨에 따라 종족집단 간 이해관계는 예산이나 자원 분배를 놓고 충돌하여 좀처럼 통합되지 않았다. 또한 근대 문화의 탄생은 실제로는 핵심 민족의 문화를 표준으로 만드는 과정이었기에 많은 반발을 불러왔다. 이는 20세기에 두 번 시도되어 두 번 모두 실패로 끝난 동유럽 통합 민족국가 건설 과정에서 그대로 드러난다.

첫 번째 시도가 있었던 시기는 전간기(1919~1939)로, 베르사유 협정 수립 이후 신생 독립국을 민족국가로 통합하고자 했다. 두 번째는 2차 세계대전 종전 후(1945~1989)로, 사회주의 체제를 근간으로 하여 동유럽 민족들은 사회주의-민족국가 건설을 추진하며 민족 통합을 시도했다(세 번째는 1989년 이후 현재까지 진행 중이다). 이 두 시도 모두에서 종족성의 돌출은 근대국가 통합 과정을 파탄으로 몰고가는 실패의 원인이 되었다. 수 세기 동안 형성됐던 종족성은 각기 다른 종족집단이 하루아침에 민족국가라는 한 지붕 아래 살게 되었다고 약화되거나 사라지지 않았다.

동유럽 신생 7개국은 모두 다민족국가로 출발했고, 그 안에 존재하는 다양한 종족집단은 핵심 민족이 독점적으로 추진하는 민족국가 건설에 반발하고 저항했다. 민족국가 건설은 주어진 국가 공동체를 '핵심 민족화'하는 것에 다름 아니었기 때문에 이러한 반발은 당연했다. 다양한 종족집단의 반발은 근대국가 건설을 지연시켰다. 비슷한 현상은 아시아·아프리카의 구식민지 독립국가에서 공통적으로 나타났다.

이런 동유럽 민족주의의 갈등적 전개 양상에 대해, 주류 민족주의 이론은 동유럽의 정치적 후진성을 그 원인으로 제시한다. 특히 한스 콘(Hans Kohn)의 '시민적 민족주의(civic nationalism)'와 '종족적 민족주의(ethnic nationalism)'라는 이분법으로 동유럽 민족주의의 전개 과정을 재단하여 평가해왔다. 시민적 민족주의란 시민권을 중심으로 정치적 정체성이 형성되는 민족주의인 반면, '종족적 민족주의'는 혈연·문화 같은 폐쇄적 기준을 근간으로 민주주의가 형성된다고 본다.

이 이분법에 따르면 정치적으로 발전한 서유럽에서는 시민적 민족주의가 발달하는 반면, 민주주의가 발달하지 못한 동유럽에서는 종족적 민족주의가 나타난다. 19세기 민족운동이 태동한 이후 현재까지 지속적으로 나타나고 있는 동유럽의 자민족 중심주의적 배타성, 폭력성 등은 '종족적 민족주의' 테제를 뒷받침해주는 근거로 받아들여졌다.

그러나 최근 영국과 스페인에서 일고 있는 분리독립 움

직임은 서유럽의 민족국가조차도 종족성의 도전으로부터 결코 자유롭지 못함을 여실히 보여주고 있다. 잉글랜드, 스코틀랜드, 웨일스라는 각기 다른 종족성을 가진 사람들이 300년간 국가통합을 이루어 안정된 민족국가를 이룩했다는 평가를 받아온 영국의 경우, 2014년 스코틀랜드의 분리독립 투표가 보여주듯 그 내막을 들여다보면 세 종족 집단 간의 결합은 그리 공고한 것이 아니었다. 이는 2017년 스페인을 구성하고 있는 종족집단 중 하나인 카탈루냐가 격렬한 분리독립을 추구하며 그 통합의 근간을 뒤흔들고 있는 사례에서도 드러난다. 요컨대 종족성이 근대 통합 국가 건설에 가하는 도전은 동유럽만이 아니라 서유럽의 국가들도 직면하고 있는 문제다.

하물며 동유럽과 같이 민족통합 국가 건설이 전간기 20년, 2차 세계대전 후 44년 등 불과 수십 년 사이에 급속도로 추진된 곳에서 종족성이 돌출하고 분리독립 요구가 분출하는 것은 당연한 일일 것이다. 더군다나 빈번한 외세 침략과 지배, 국토 분할은 그때마다 잦은 인구 이동과 국경 변경을 발생시켰고, 이는 동유럽을 민족 분포가 세계 어느 곳보다도 복잡한 다민족 사회로 만드는 결정적 요인이 되었다.

예를 들어 폴란드 같은 동유럽 국가가 13세기 이후 겪은 외세 침략은 중세 십자군 전쟁(1095~1291), 몽골 침입(1230, 1241, 1259, 1287), 스웨덴의 침략(1600~1629)과 오스만 제국의 침략(1672~1676), 30년 전쟁(1618~1648), 3국 분할(1772, 1793, 1795) 등 서유럽의 어떤 국가보다도 빈번한 것이었다.

이를 고려한다면, 어떤 구체적인 실제의 역사도 결코 보편사가 될 수 없다는 차크라바르티의 주장은 동유럽 역사에도 유의미한 시사점을 던져준다.[17] 어떤 실제의 역사도 서구의 역사와 다르다는 이유만으로 비정상적인 일탈로 간주되어서는 안 된다. 서유럽 민족주의가 전개된 경로는 가능한 많은 경우의 수의 하나일 뿐이지, 그것이 일반화 모델로 간주되어서는 안 된다. 당연히 역사적 맥락의 차이에 따라 민족운동이나 민족국가 건설 과정은 다른 경로를 통해 다른 방식으로 이루어진다. 인간 사회는 공백 상태가 아니기 때문이다. 민족주의라는 추상적 관념과 그것이 구체적인 맥락 속에서 실현되어가는 민족운동은 필연적으로 불안정한 관계다. 서유럽에 비해 훨씬 더 많은 외세의 침략과 오랜 지배를 받아온 동유럽의 역사가 서유럽과 다르듯이, 그 안에서 생겨난 민족국가 건설을 향한 여정도 다를 수밖에 없을 것이다.

　서구 학계는 동유럽의 역사학자들이 자국사를 자민족 중심주의적 관점에서 왜곡하여 서술한다고 비판해왔는데, 그 비판은 또한 서구의 선입견을 만들어내며 재생산되어왔다. 서구가 자랑스럽게 내세우는 시민권, 국가, 시민사회, 공공 영역, 인권, 법 앞의 평등, 개인주의, 공사 구별, 주체 관념, 민주주의, 인민주권, 사회 정의, 과학적 합리성 등의 개념은 모두 (서)유럽의 사유와 역사를 짊어지고 있는 것으로,[18] 동유럽의 역사 전개는 당연히 서유럽의 것과는 다를 수밖에 없다. 그리고 그렇게 다른 역사적 경험에 우열을 매길 수는 없다. 그것은 무엇보다도 끝없는 외세 침략과 억압적 지배와 맞서 싸우며 주권과 독립국가를 이루고자 고군분투했던 동유럽의 역사를 폄하하는 일이 될 것이다. 레비스트로스를 응용해보자면,[19] '미개인'과 '문명인'의 차이는 발전 단계의 차이가 아니라 애초부터 다른 삶의 결과이기 때문에, 둘을 비교해서 우열을 가리는 것 자체가 무의미하다.

내가 갖고 있는 기본적 문제의식은, 동유럽이 겪은 역사적 질곡은 동유럽만의 잘못으로 생겨난 것이 아니라는 점이다. 주변 열강들, 특히 서유럽과의 불평등한 관계에서 주변부화됨으로써 생겨난 문제들이므로, 그 책임에서 주변 강대국들도 자유롭지 못하다는 것이다.

2010년대 이후 동유럽에서 급속도로 강화되고 있는 극우 민족주의와 포퓰리즘의 기저에는 1989년 이후 유럽연합의 전횡과 서유럽의 다국적기업에 의한 경제적 이익 탈취가 주요 원인으로 자리 잡고 있다. 1990년대 이후 서유럽의 산업생산 기지로 착취당하고, 유럽연합에 의해 국내 정치 발전이 간섭당하면서 생겨난 피해의식의 반동으로 동유럽 유권자의 다수는 자민족 최우선주의로 돌아서고 있다. 극우 민족주의와 포퓰리즘의 부상은 동유럽의 정치 발전에 발목을 잡고 있어 우려를 낳고 있다.

이런 상황을 타개하기 위해서는 단순히 동유럽의 민주주의 발전만이 아닌, 16세기 이후 지속된 동·서유럽 간의 불평등한 관계가 민주화되어야 한다. 민주화는 한 나라의 차원에서 국민주권의 완성만을 의미하지 않는다. 동유럽 역사가 보여주듯이, 주변 강대국들과의 관계가 민주화되지 않으면 동유럽의 민주주의도 발전하기 힘들다. 이런 측면에서 동유럽 극우 민족주의의 부상은 신자유주의화에 대한 반동이기도 하지만, 장기적으로는 서유럽 주도의 불평등한 근대화가 낳은 문제가 누적된 결과이기도 하다.

그러므로 21세기 동유럽의 민주화를 위해서는 동유럽과 서유럽의 관계도 민주화되어야 한다. 동유럽 사회 내부의 민주화는 서유럽과의 관계의 민주화 없이 결코 성취될 수 없다. 서유럽은 오랜 숙제인 구(舊)피지배지와의 관계 민주화라는 시대적 선결과제를 안고 있는 것이다.

1장

제국의 각축장이 된 문명의 교차로
(6~19세기)

1. 동유럽은 어디인가?

—

동유럽은 어디인가? 일견 자명해 보이는 이 질문에 대한 답은 생각만큼 단순하지 않다. 사전적 정의로 본다면, 동유럽은 '유럽의 동부'라는 지리적 개념으로 파악할 수 있다. 그러나 지리적 개념으로서의 동유럽은 모호하기 그지없다. 우선 지리적으로 유럽의 동쪽을 규정하기조차 힘들다. 유럽은 거대한 아시아 대륙에서 삐져나온 삼각형 모양의 반도로, 북쪽과 남쪽 경계선은 북극해와 지중해라는 명확한 경계선을 형성한다. 그런데 유럽 반도 동쪽에는 동·서를 명확하게 가르는 천연 지형지물이 없다.

동유럽의 경계선이 모호한 것은 지리적 요인 때문만은 아니다. 역사적으로 동유럽은 유럽과 아시아, 아프리카 대륙이 만나는 '3중의 문명 교차로'를 형성했다. 그만큼 중요한 지정학적 요충지였기 때문에 동유럽은 항상 주변 열강들의 격돌무대가 되었다. 강대국의 이해관계에 따라 지리적 경계선은 명확하게 고정되지 않은 채 이리저리 바뀌어 왔다.

　동유럽이라는 말은 1731년 볼테르가 저서 《샤를 12세의 역사(*Histoire de Charles XII*)》에서 처음 언급한 것으로 기록되어 있다.[1] 그 이후 처한 위치와 급변하는 이해관계에 따라 동유럽이 어디이며, 무엇인지에 대해서 각기 다른 주장들이 쏟아졌다. 19세기 메테르니히 총리는 "아시아는 빈의 문에서 시작한다"며 오스트리아를 서유럽의 동쪽 최전선으로 내세웠고, 드골은 우랄 산맥을 유럽의 동쪽 경계선으로 주장했다.

　19세기만 해도 발칸 유럽은 '유럽의 터키'라고 불렸으나, 냉전기에는 다른 동유럽 지역과 함께 소련 진영에 귀속되었다. 발칸 유럽을 포함한 동유럽은 역사적으로 유럽에 위치해 있으면서도 '유럽이 아닌' 기이한 곳으로 취급되어왔다. 냉전 해체 후 유럽 동쪽 경계선은 다시 한 번 급변했다. 2004년 에스토니아, 라트비아, 리투아니아는 소련 해체 후 유럽연합에 가입하여 하루아침에 동유럽 국가로 분류되었다.

동유럽을 묘사하는 독일어 '사이에 끼인 유럽(Zwischen Europa)'은 동유럽의 지정학적 의미를 잘 표현해준다. 힘센 독일의 관점을 담은 표현이기는 하나, 제국과 제국 사이에, 열강과 열강 '사이에 끼인' 죄로, 침략당하고 복속당하고 지배당하고 끝없이 간섭받은 동유럽 역사의 질곡을 효과적으로 전달해준다.

동유럽 인구의 다수는 슬라브족으로, 600여 년에 걸쳐 로마 제국이 동·서로 분열된 분기점을 따라 지금의 동유럽으로 이주해 들어왔다. 395년 로마 제국이 동·서로 분열되고, 1054년엔 기독교가 동·서로 분열되는 혼란스러운 국면이었다. 기독교를 국교로 삼는 로마 제국의 입장에서 보면 슬라브족은 이민족이었으므로, 슬라브족은 가톨릭과 동방정교 간의 치열한 선교경쟁 속에서 살 길을 모색해야 했다. 15세기 이후에는 동유럽을 둘러싼 동·서 기독교 대립의 구도가 기독교 대 이슬람의 싸움으로 전환되었다. 15세기 발칸 유럽을 침략한 오스만 제국은 합스부르크 제국과 충돌하며 서유럽으로 가고자 했으나 결국 저지 당했다. 그 제국 각축의 틈바구니 속에서 동유럽 사람들은 생존권을 지켜야 했다.

19세기에 들어서자 양 제국 간의 각축에 프로이센 제국과 러시아 제국이 가세하여 4파전의 외교전이 동유럽을 무대로 펼쳐졌다. 동유럽 지도자들은 열강들의 치열한 외교전의 틈새를 비집고 독립을 쟁취하고자 했다.[2] 결국 열강들의 대립은 1차 세계대전으로 폭발했고, 동유럽은 1차 세계대전 중 가장 격렬한 전투가 벌어진 전쟁의 무대가 되었다.

1차 세계대전 후 프로이센과 러시아의 대결은 외피만 바뀐 채, 독일과 소련의 대결로 지속되었다. 이 소용돌이 속에서 2차 세계대전이 발발했고, 폴란드는 독일과 소련에 의해 이중으로 침공을 받았다.

2차 세계대전이 끝난 후 시작된 냉전의 시대에는 소련이 주도하는 사회주의 체제와 미국이 주도하는 자본주의 체제의 각축 속에서 살아남아야 했다. 냉전 동안에는 소련과 서방 사이에서, 냉전 해체 이후에는 동진하는 유럽연합·나토와 이를 막아내고자 하는 러시아 간의 다툼 사이에서 생존의 길을 힘겹게 모색하고 있다.

여기에, 새로운 초강대국으로 등장한 중국까지 가세하여, 때로는 러시아와 손을 잡으며, 동유럽에 다시 '신냉전'이 전개되고 있다. 이렇듯 '사이에 끼인 유럽'으로서 숨 가쁘게 열강들 사이에서 주권과 생존권을 지키고자 고군분투한 것이 동유럽의 1500년 역사라 할 수 있다.

이 책에서 살펴볼 동유럽 국가들은 냉전시대에 동구권이라 불리던 14개국이다. 1919년 베르사유 협정에 의해 동유럽에는 7개 신생 국가가 수립되었다. 체코슬로바키아, 폴란드, 헝가리, 유고슬라비아, 루마니아, 불가리아, 알바니아다. 2차 세계대전 종전 후 이들 7개국은 다시 사회주의 인민공화국으로 재건되었다. 1990년대 냉전이 해체되는 과정에서 7개국은 14개국으로 늘어났다. 동유럽의 대표적인 다민족국가였던 유고슬라비아는 7개국으로 쪼개졌다 (세르비아, 슬로베니아, 크로아티아, 보스니아-헤르체고비나, 몬테네그로, 마케도니아, 코소보), 체코슬로바키아는 체코와 슬로바키아로 나뉘었다. 여기에 소비에트연방에서 탈퇴한 발트해 3국(에스토니아, 라트비아, 리투아니아)이 더해져 7개국은 17개국으로 늘어났다.

이 책에서는 구(舊)소련에 속했던 발트해 3국을 제외한, 구(舊)동구권 14개국의 역사를 집중적으로 살펴보고자 한다. 특히 20세기 역사를 민족국가 수립 이후 '민족국가 민족화'하기(nationalizing nation-state) 작업의 관점에서, 살펴보고자 한다. 근현대사를 본격적으로 살펴보기 전에, 이 장에서는 전사(前史)로서 제국 지배의 역사와 그 지배가 남긴 유산을 살펴보도록 하겠다.

2. 동·서 기독교의 각축 사이에서(6~15세기)

―

동유럽에는 슬라브족 외에도 다양한 민족들이 살아왔다. 유럽에서 가장 기원이 오래된 민족으로 알려진 알바니아 민족이나, 스스로를 로마 제국의 후예로 여기는 루마니아 민족과 같은 원주민이 있다. 그러나 슬라브족을 비롯한 대부분의 민족은 이주민의 후예들이다. 동유럽은 역사적으로 수많은 이민족이 드나들며 침략하고 정착해온 자연의 이주 통로였다. 고대 이래 흉노족, 게르만족, 아바르족, 마자르족, 불가르족, 튀르크족 등 수많은 종족이 이 지역을 통과해 지나갔거나 정착했다.

슬라브족도 동유럽을 통과한 많은 이민족 중 하나였다.[3] 슬라브족의 기원은 확실치 않으나, 3세기 무렵부터 우크라이나와 벨라루스를 가르는 프리페트 습지(Pripet Marshes)에 살던 종족 공동체로 추정된다. 공통의 슬라브어에서 파생된 방언을 사용하는 것으로 알려진 슬라브족은 훙노족의 침입으로 게르만족이 대이동을 시작한 직후, 당시 로마 제국의 영토였던 동유럽으로 남하했다(폴란드와 체코는 로마 제국에 포함되지 않았다).

콘스탄티누스 대제가 콘스탄티노플에 '새로운 로마'를 건설한 지 330년이 흐른 뒤였으며, 게르만족의 대이동이 있은 지 1세기가 지난 뒤였다. 서유럽 사람들이 '야만인들의 유럽 공습'이라고 부르는 긴 이주 과정의 일환이었다. 슬라브족은 거대한 단일 세력으로 움직이기보다는 작은 집단을 이루어 이주했다. 여러 종족집단으로 나뉜 이들은 각기 다른 방향, 다른 환경으로 이주해 들어왔다.

슬라브족 외에도 7세기에는 튀르크계 불가르(Bulgar)인들이 유라시아 대륙으로부터 이주해 들어와 새로 수립되는 불가리아 왕국의 지배층이 되었다. 9세기에는 헝가리인(마자르족)이 유라시아 스텝 지역에서 이주해 와서 판노니아 평원에 정착하여 헝가리 왕국을 세웠다.

그 이전에 동유럽에 들어왔던 다른 이민족과 달리 슬라브족은 유목민이 아닌 농경생활인으로 알려졌다. 슬라브

이주민들은 소규모 부족 단위로 정착했고, 헝가리를 기준으로 위쪽인 중동부 유럽에는 폴란드와 모라비아(지금의 체코)가 들어섰다. 폴란드, 모라비아, 헝가리는 10세기를 전후하여 왕국으로 발전했다.

헝가리 남단 발칸 유럽에서는, 불가리아가 7세기에 처음 국가를 수립했고, 9세기 무렵 영토를 두 배로 확장하며 제국으로 발돋움했다. 세르비아는 9세기(822)에 처음 부족국가로 출발한 후 2개의 공국으로 나뉘었으나, 11세기(1091) 라쉬카(Raska)라고 불리는 대공국을 수립하며 통합을 이루었다. 루마니아는 작은 공국들로 유지되다가 14세기에 왈라키아 공국과 몰도바 공국이라는 좀 더 큰 규모의 국가 조직을 건설했다(루마니아의 다른 주요 지역 트란실바니아는 11세기 이후 헝가리 왕국의 지배를 받았다).

기독교는 슬라브인들이나 다른 이주민들이 정치적 통합을 이루며 왕국으로 발전하는 데 중요한 역할을 했다. 4세기 기독교는 로마 제국의 통치 이념으로 추동되며 쇠퇴하던 제국의 부활에 기여했다. 콘스탄티누스 대제(재위

306~337)가 기독교를 국교로 승인한 이후, 제국의 황제는 교회의 동반자로, 신의 승인(divine sanction)하에 보편적 기독교를 통해 제국을 통치한다는 이념을 펼쳤고, 이는 황제의 통치기반을 확고하게 만들었다.[4]

마찬가지로 동유럽으로 이주한 종족들이 국가를 수립해 통치하는 데도 기독교는 효율적인 통합 이념이 되었다. 기독교는 아직 부족 단위의 작은 공동체에 지나지 않는 슬라브 공국을 좀 더 큰 규모의 통합 국가로 발전시키는 강력한 기제가 되었다. 아울러 기독교 수용은 로마 제국의 선진 문화를 받아들이는 지름길이었다. 외교적으로도 기독교 개종은 중요한 사안이었다. 국경을 맞대고 있는 이웃의 강력한 기독교 국가들은 기독교를 국교로 받아들인 국가와만 선린관계를 맺었다. 슬라브 공국이 당당하게 국가로 인정을 받기 위해서도 기독교 개종은 필수요건이 되었다.

이런 배경에서, 9세기에서 10세기 사이에 동유럽 정치 지도자들은 속속 기독교를 받아들였다. 불가리아는 보리스 1세(852~889) 치하에서 기독교로 개종했으며, 세르비아도 비슷한 시기에 기독교로 개종했다(870년경). 체코의 프레제미슬 왕조, 폴란드의 피아스트 왕조(966년, 미에슈코 1세), 헝가리 아르파드 왕조(1000년, 성 이슈트반 1세)는 좀 더 늦게 기독교로 개종하여 신생 왕국의 기틀을 다졌다.

그런데 동·서 어느 분파의 기독교로 개종할 것인가는 첨예한 이해관계의 대립을 부르는 초미의 관심사가 되었다. 슬라브족이나 불가르족, 마자르족이 정착한 동유럽은 로마 제국의 동·서 분열선이 가로지르는 교차로였다(지금의 보스니아-헤르체고비나를 관통).

콘스탄티누스 대제에 의해 통합되었던 로마 제국은 그의 사후 다시 동로마 제국과 서로마 제국으로 분열되었다. 이후 동로마 제국과 서로마 제국은 점점 더 별개의 문명으로 멀어져갔다. 아울러 기독교도 동·서 교회로 나뉘며, 별개의 종교가 되어갔다. 로마 제국이 분리된(395년) 직후에 교회 지도부는 여전히 '하나의 기독교'임을 외치며, 교회의 분리를 관철시키지는 않았다. 그러나 5대 총대주교구(콘스탄티노플, 로마, 알렉산드리아, 안티오크, 예루살렘) 중 하나인 로마 총대교구가 콘스탄티노플 총대교구와 갈등을 빚으며 반목이 깊어졌고, 1054년 기독교는 결국 분열의 길을 걷게 되었다. 기독교의 동쪽 정교회와 서쪽 가톨릭교회로의 분리는 이 지역의 역사에 두고두고 영향을 끼치는 일대 사건이었다.[5] 기독교 분열 이후 콘스탄티노플 총대교구는 총대교구대로, 로마 교황청은 교황청대로 더 많은 신자를 자기 쪽으로 끌어들이기 위해, 이교도들에 대한 집요한 개종 공세를 펼쳤고, 슬라브족은 그 주요 공격 대상이 되었다.

동·서 기독교의 개종 경쟁과 키릴문자의 탄생

키릴문자의 창제 과정은 동·서 교회의 개종 경쟁이 당시 동유럽 정세에 어떠한 영향을 미쳤는지를 단적으로 보여준다. 키릴문자는 현재 동유럽 정교 문화권(세르비아, 불가리아, 마케도니아 등)과 러시아에서 쓰이고 있는 문자다.

11세기, 기독교로 동·서가 나뉜 동유럽

■■■■ 서방 카톨릭 지역

▨▨▨ 동방정교 지역

||||| 두 종교가 뒤섞인 지역

슬라브인을 대상으로 정교회, 로마 교황청, 신성로마 제국과 비잔틴 제국이 가세한 개종 경쟁이 공격적인 외교전 양상으로 전개되는 과정에서 새로운 슬라브 문자가 창제되었다.

9세기 초 대(大)모라비아 공국(지금의 체코와 슬로바키아 일부 지역)은 중동부 유럽에서 가장 크고 번성한 나라였다. 모라비아 공국의 통치자 모이미르(Mojmir) 1세는 집권 초기에는 신성로마 제국을 통해 가톨릭 문화를 받아들였다.

그러나 그의 후임자 라티슬라브(Ratislav) 공은 신성로마 제국에 대한 충성을 취하했다. 신성로마 제국은 로마 교황청과 별도로 주변 슬라브 국가에 종교를 빌미로 삼아 지배자로 군림하고자 했다. 라티슬라브 공은 자국의 영토 내에서 활동하는 신성로마 제국 출신의 게르만 성직자들이 슬라브 문화를 게르만화하면서, 자신의 정치적 권력을 위협하고 있다고 판단했다. 이에 라티슬라브 공은 게르만 교회를 견제하기 위해 교황에게 선교단 지원을 요청했다. 그러나 교황은 그의 요청을 거절했다. 그러자 라티슬라브 공은 비잔틴 제국으로 돌아섰다. 신성로마 제국과 경쟁관계에 있는 비잔틴 제국을 끌어들여 모라비아가 직면한 위기에서 벗어나겠다는 계산이었다.[6]

비잔틴 제국의 황제 미카엘 3세(842~867)는 모라비아의 요청을 받아들여 수도사 키릴로스를 그의 형 메토디오스와 함께 863년 모라비아로 파견했다. 키릴로스는 학식이 깊은 언어학자이자 철학자로, 이미 비잔틴 제국의 궁정에서 유명한 인물이었다. 테살로니키라는 다문화 지역 출신으로 여러 언어에 능통했고, 슬라브 유모로부터 슬라브어 구어도 배운 터였다. 키릴로스는 모라비아에 파견되어 슬라브 구어를 문자화하는 문자 체계를 만들었다. 그는 그리스어, 페니키아어와 다른 동방 문자들을 섞어, 첫 번째 슬라브 문자인 글라골 문자(Glagolitic Alphabet)를 만들었다.

그러나 게르만계 가톨릭 사제들은 키릴로스의 성공을 달가워하지 않았다. 가톨릭 사제들은 로마 교황청에 글라골 문자는 이단어라며 개발자 키릴로스를 고발했다. 게르만 사제들은 그리스어와 라틴어만이 신성한 기독교 언어로 성경에 담긴 말씀을 전달할 수 있다며 키릴로스를 공격했다.

교황청으로 소환된 키릴로스는 로마 교황 하드리아누스 2세 앞에서 새로운 슬라브 문자를 변호했다. 그는 그리스어와 라틴어 모두 원래는 이교도의 언어였으나 글라골 문자는 오히려 출발부터 기독교도의 언어라며 변론했다. 교황청은 게르만인이 교회 자치권을 신성로마 제국 내에서 강화하고자 하는 것에 위협을 느끼던 터라, 이번에는 키릴로스 편을 들어주었다.

그러나 885년에 키릴로스가 죽자 교황청은 글라골 문자에 대한 승인을 취소했다. 교황청의 입장에서 보면, 글라골 문자는 정교 선교사가 만든 정교회를 위한 문자일 뿐이었다.

글라골 문자가 현재 쓰이는 키릴문자로 재탄생하게 된 것은 불가리아에서였다. 키릴로스가 죽자 그의 제자들(나움과 클리멘트)은 모라비아에서 쫓겨났다. 이 소식을 들은 불가리아의 현제 시메온 1세(893~927)는 키릴로스의 제자들을 불러들여 융숭한 대접을 하면서, 불가리아를 위해 슬라브 문자를 만들어줄 것을 요청했다. 시메온 1세는 비잔틴 제국에 대한 종교적·문화적 종속은 궁극적으로 정치적 복속을 초래할 것이라고 판단했다. 이에 독립 문자를 쓰는 것이 종교적·문화적 종속을 막는 중요한 수단이라고 보았다. 왕의 요청을 받아들여, 키릴로스의 제자들은 새로운 슬라브 문자 창제 작업에 들어갔다. 아울러 독립적인 불가리아 정교회 수립을 위해 불가리아 성직자들의 교육도 담당했다.

동유럽을 놓고 벌어진 국제 정세의 얽힘 속에서, 896년 키릴문자가 탄생했다. 글라골 문자보다 좀 더 단순화된 형태였다. 제자들은 첫 번째 슬라브 문자를 만든 키릴로스를 기려 '키릴문자'라고 명명했다. 장기적으로 보면 슬라브 문자언어는 불가리아의 정치적 독립을 확보해주었을 뿐 아니라, 비잔틴 정교 문화와는 또 다른 독립적인 슬라브 정교 문화를 형성하는 데 초석이 되었다. 이제까지 정교 문화는 비잔틴 제국이 독점했으나, 키릴문자의 탄생과 더

불어 슬라브인들은 자생적인 슬라브 정교 문화를 생산할
수 있는 수단을 갖추었다.

키릴문자가 만들어진 후 슬라브 사제들은 그리스어로
만 되어 있던 기독교 서적들을 키릴문자로 번역했고, 새로
운 불가리아 문학 작품도 생산할 수 있게 되었다. 때마침
불가리아가 전성기를 맞이하여 세를 확장함에 따라 키릴
문자는 세르비아, 마케도니아 등 주변 국가로 전파되었다.
불가리아의 뒤를 이어 988년 러시아(키예프의 블라디미르 1
세)가 정교 기독교로 개종할 때, 불가리아가 발전시킨 슬
라브 정교를 토대로 좀 더 용이하게 토착 러시아 정교 문
화를 발전시킬 수 있었다.

1123년간 지속되던 비잔틴 제국이 1453년에 오스만 제
국의 침공으로 무너질 때까지 동유럽 정세는 동·서 기독
교의 대립 구도 속에서 전개되었다. 동·서 기독교의 대립
은 동유럽 내에 가톨릭 문화와 정교 문화를 발전시키는
자극제가 되기도 했지만, 그 피해도 컸다.

가톨릭 세력이 십자군 전쟁을 일으켰을 때, 발칸 유럽

은 그야말로 쑥대밭이 되었다. 특히 4차 십자군 전쟁이 이슬람이 아닌 비잔틴 제국을 공격했을 때 이웃한 발칸 국가들의 피해는 엄청났다. 이에 발칸 유럽에서는 근대까지도 이슬람보다도 가톨릭 세력에 대한 혐오와 두려움이 더 지배적으로 나타나기도 했다.

3. 가톨릭 제국과 이슬람 제국의 대결(16~19세기)

—

1453년 비잔틴 제국의 패망을 기점으로 동유럽의 판도는 2개의 새로운 제국, 합스부르크 제국과 오스만 제국을 중심으로 재편되었다. 지난 1000년간 동유럽에서 벌어졌던 정교회와 가톨릭 교회 간의 갈등의 역사는, 기독교와 이슬람 간의 더 치열한 갈등으로 대체되었다.

기독교와 이슬람 사이의 갈등은 7세기부터 이미 존재했다.[7] 이슬람 제국의 이베리아 반도 침공으로, 이슬람에 대한 혐오가 서유럽에서 뿌리를 내리기 시작했다. 13세기를 기점으로 이슬람 제국의 패권이 아랍 국가에서 소아시아의 오스만 제국으로 넘어갔다.

1299년 오스만이 아나톨리아에 수립한 작은 공국에서 출발한 오스만 제국온 15세기 이후 발칸으로 세력을 확장했고, 16세기에는 중부 유럽, 서아시아, 캅카스, 북아프리카까지 영토를 확장했다.

한편 중동부 유럽에서는 합스부르크 제국이 강성해져갔다. 합스부르크 제국 역시 작은 공국으로 출발했다. 12세기 도나우강 유역으로 진출하면서, 합스부르크 왕가는 그곳에 이미 정착한 폴란드, 체코, 헝가리와 충돌했다. 16세기 오스만 제국이 중동부 유럽으로의 동진을 서두르며 침략하자, 위기에 처한 중동부 유럽 국가들은 합스부르크 제국의 지원에 의존하게 되었고, 결국 제국의 지배를 받게 되었다.

흔히 유럽 문명을 일컬어 2H, 즉 헬레니즘(Hellenism)과 헤브라이즘(Hebraism)이 결합된 문명이라고 한다. 그러나 이는 서유럽에 국한된 이야기이고, 동유럽까지 포함한다면 2H 1I(Islam) 문명의 결합체다. 동유럽에 대한 로마 제국, 합스부르크 제국, 오스만 제국의 지배는 정교, 가톨릭, 이슬람 종교를 전파시켰고, 이 종교들은 동유럽 사람들의 정체성을 형성하는 데 지대한 영향을 미쳤다. 유럽의 정체성을 형성하는 일차적인 기준이 기독교(동방정교 대 로마 가톨릭)라면, 여기에 이슬람이 이차적인 기준으로 추가된 것이다.[8]

합스부르크 제국의 중동부 유럽 지배

합스부르크 제국은 9세기(803년) 신성로마 제국의 '동쪽 전진기지'로 수립되었다. 샤를마뉴 황제는 가톨릭 유럽을 '아시아 야만인'의 침입으로부터 방어할 필요를 느끼고 동쪽 전진기지 '오스테리히'를 수립했다.[9]

12세기 합스부르크 왕가는 동쪽 전진기지에 대한 세습 왕권을 확립하며 영토 확장에 나섰다. 합스부르크 제국은 게르만 식민주의자들을 보헤미아, 모라비아, 헝가리, 트란실바니아, 크로아티아, 슬로베니아로 파견하여 게르만 가톨릭 문명을 전파하고자 했다. 합스부르크 왕가의 도나우강 유역 진출은 이미 정착해 있던 폴란드, 체코, 헝가리와의 충돌을 불러왔다.

10세기 왕국으로 발전한 폴란드, 체코, 헝가리는 자신들의 '역사적 고향(historic homelands)'이라 할 수 있는 도나우강 유역에서 번갈아가며 강자로 군림했다. 도나우강 유역에 수립된 국가들은 합스부르크 왕가와 왕위 계승권을 놓고 다투었고, 영토 점령 전쟁을 벌였다.

그러나 1453년에 콘스탄티노플을 함락시킨 오스만 제국의 유럽 침략이 본격화되면서 막상막하였던 판세는 바뀌기 시작했다. 오스만 제국이라는 강력한 적의 등장에 직면하여, 중동부 유럽의 왕국들은 합스부르크 왕가의 힘을 빌리게 되었다.

15세기 말까지 발칸 유럽을 장악한 오스만 제국은 그 다음 목표로 헝가리를 공격했다. 1526년 모하치(헝가리 중부) 전투에서 헝가리는 오스만 제국에 대패했고, 영토의 상당 부분을 빼앗기고 말았다. 이에 영토까지 분단된 상황에서, 헝가리 왕은 이웃 합스부르크 제국에 지원을 요청했다. 합스부르크 왕가는 지원하는 대가로 헝가리 왕위를 결정할 수 있는 왕위 계승권을 가져갔다. 당시 헝가리는 보헤미아의 왕위까지 겸하고 있던 터라, 보헤미아(지금의 체코)의 왕위도 합스부르크 왕가로 넘어가게 되었다.

합스부르크 왕가의 도나우강 유역에 대한 지배력은 오스만 제국의 1529년 1차 빈 포위공격을 전후하여 완전히 굳어졌다. 중동부 유럽의 왕국들은 왕이 아닌 귀족들이 실권을 쥔 상태였다. 귀족들은 세습권이 없는 선출직 왕을 마음대로 갈아치우며 막강한 권력을 행사했다. 그러므로 헝가리나 보헤미아의 왕권이 넘어갔다고 해서 완전히 합스부르크 왕가에 복속된 것을 의미하지는 않았다.

그러나 1683년 합스부르크 제국이 오스만 제국의 2차 빈 포위공격을 패퇴시킨 것을 계기로, 보헤미아와 헝가리는 합스부르크 제국에 완전히 복속되어 향후 200년 동안 지배를 받게 되었다. 오스만 제국의 2차 포위공격을 물리친 합스부르크 제국은 1686~1699년에 걸쳐 헝가리 평원과, 크로아티아 동쪽(슬라보니아 지역), 루마니아의 트란실바니아를 재탈환했다.

절대주의 제국의 통치와 중동부 유럽의 보수화

합스부르크 제국의 중동부 유럽 복속은 헝가리와 체코가 유럽 정치의 주류에서 멀어지는 계기가 되었다. 15세기 말까지만 해도 정치적으로 동유럽과 서유럽 간의 차이는 별반 존재하지 않았다. 중세 동유럽 국가들은 모두 군주 국이긴 했으나, 권력은 서유럽처럼 지주 전사 계급이 독점 적으로 행사했다. 또한 동유럽이나 서유럽 모두 농업이 주 된 경제활동이었고, 농노제를 시행하고 있었다(발칸 유럽에 서는 농노제가 아니라 소작농제가 시행되었다).

합스부르크 왕가가 헝가리와 체코를 복속시킨 17세 기는 서유럽에서 종교의 자유와 국가 주권을 바탕으로 하는 신질서가 확립되던 때다. 서유럽에서는 30년 전쟁 (1618~1648)이 끝나고 1648년 베스트팔렌 조약을 수립함 으로써 서유럽 국가들의 주권을 인정하고 주변국에 대한 내정 간섭을 방지하는 토대를 마련했다. 그러나 이는 서유 럽에만 해당하는 내용이었다.

서유럽 정치의 새로운 흐름과는 정반대로 체코와 헝가 리는 오히려 독립국가로서의 지위를 잃고 합스부르크 제 국의 일개 주(州)로 전락하게 되었다. 일부 학자들은 17세 기 동유럽의 합스부르크 제국 지배를 주권 침해로 보는 것은 시대착오적인 생각으로, 20세기 민족자결주의 원칙을 17~18세기의 동유럽에 적용하는 것이라고 비판한다.[10] 그러나 베스트팔렌 조약 이후 서유럽에서 국가 주권은 신성불가침한 원칙으로 인정받기 시작했다는 점을 감안한다면, 꼭 시대착오적인 것만은 아니다.

18세기 폴란드의 3국 합병은 주권 침해의 문제를 잘 보여준다. 17세기 폴란드는 발트해에서 흑해까지 펼쳐지는 광활한 지역으로 영토를 확장한 유럽 최대 국가였다. 폴란드는 14세기 이웃 리투아니아와 연합하여 폴란드-리투아니아 연합 왕국을 수립했다. 북쪽으로는 튜턴 기사단과 충돌하고, 동쪽으로는 몽골-타타르족의 공격 위협에 직면하게 되자, 이를 타개하기 위해 리투아니아와 연합한 것이다. 폴란드-리투아니아 연합 왕국의 수립을 통해 폴란드는 발트해에 상존해 있던 (튜턴 기사단이 세운) 프로이센의 영향력을 억제할 수 있었다.

그러나 18세기 들어 국운이 급격히 쇠퇴하면서 세 차례 (1772, 1793, 1795)에 걸쳐 3국(합스부르크 제국, 프로이센, 러시아)으로 분할되어, 사실상 폴란드라는 이름만 남는 비운을

겨게 되었다.

합스부르크 제국의 지배는 동유럽에서 종교적 자유를 후퇴시키는 계기가 되었다. 30년 전쟁이 종식된 후 종교의 자유는 서유럽에서 공식적으로 허용되었다. 그러나 합스부르크 제국의 지배하에 들어간 중동부 유럽에서는 정반대의 현상이 나타났다.

중동부 유럽에서는 1520년대 이후 합스부르크 제국의 지배가 시작되기 전까지 신교가 상당히 세를 불렸다. 1580년대 말에 이르면 신교는 보헤미아와 헝가리에서 다수 종교가 되었다. 중동부 유럽의 신교 지도자들은 서유럽에서와는 달리 종교적 관용을 약속받았다. 이들 중동부 유럽의 국가들은 10세기 전후에 가톨릭으로 개종하기는 했으나, 워낙 다양한 집단의 사람들이 모여 살았기 때문에 다양한 종교가 공존했고, 다른 종교를 관용하는 분위기가 널리 확산되었다. 종교개혁의 바람이 불기는 했지만, 그것은 서유럽과 달리 가톨릭교회에 대한 저항이라기보다는 개혁적인 새로운 종교운동으로 받아들여졌다.

그러나 17세기 유럽 대륙에서 반종교개혁의 선두에 선 합스부르크 제국의 지배가 공고해지면서, 동유럽 내에 확산됐던 종교적 관용 정신은 심각하게 훼손되었다. 합스부르크 왕국은 중동부 유럽 국가들의 종교적 자유를 박탈하며 가톨릭으로 강제 개종시켰다. 보헤미아와 폴란드에서 교육은 가톨릭교회의 전유물이 되었고, 배울 수 있는 것은 라틴어와 신학뿐이었으며, 문화와 과학은 신학에 종속된 부차적인 영역이 되었다. 가톨릭교회의 중세적인 세계관과 관행은 계속 유지되었다. 합스부르크 제국의 반종교개혁적 가톨릭주의에 입각한 통치의 억압성은 1683년에 오스만 제국의 공격을 물리친 이후 더욱 강화되었다.[11]

가톨릭 보수주의로부터 가장 심각한 피해를 본 것은 체코였다. 체코(보헤미아)에서 종교개혁은 16세기에 시작되어, 인구의 3분의 2가 신교로 개종할 정도로 광범위한 지지를 받았다. 반종교개혁을 강요히는 합스부르크 제국에 맞서 체코는 무장투쟁(빌라호라 전투 혹은 백산 전투, 1620년)을 일으켰으나 패배했다. 그 대가로 체코 인구의 40퍼센트가 희생되었으며, 신교 지도층은 거의 전멸하다시피 했다. 합스부르크 제국의 지지를 받는 예수회의 주도하에 모든 신교도들은 보헤미아를 떠나야 했고, 인구의 5분의 1이 해외 이주를 단행했다. 농노들은 특별한 의식을 거쳐 다시 가톨릭으로 개종해야 했다. 이러한 탄압 정책의 결과 1787년까지 신교도 인구는 2퍼센트로 줄어들었다.

비슷한 현상은 폴란드에서도 나타났다. 폴란드는 가톨릭 국가이긴 하지만 가톨릭 신자는 17세기 전체 인구의 45~47퍼센트로 과반을 넘지 않았고, 기타 정교, 프로테스탄트, 유대교 신자도 많았다.[12] 그러나 합스부르크 제국으로부터 불어닥친 반종교개혁의 바람은 폴란드 사회를 보수적으로 만들었고, 개혁적인 신교 정신 대신 중세적인 동유럽판 종교 바로크 문화가 전개되는 계기가 되었다.

헝가리에서는 상대적으로 귀족들의 저항이 강력하여 반종교개혁의 바람이 그다지 강력하게 불지는 않았다. 그럼에도 인구의 70퍼센트를 차지하던 신교도는 급감하여, 1804년이 되면 60퍼센트가 가톨릭으로 개종했다.

합스부르크 제국의 보수적 절대주의 통치는 15세기 말까지 서유럽과 비슷한 노정을 걸었던 동유럽이 다른 정치발전의 노정을 가게 되는 주요 요인이 되었다. 그러나 동유럽 귀족들의 무기력한 대응도 문제였다. 중동부 유럽은 전반적으로 왕보다는 귀족이 더 많은 권력을 행사하는 '귀족 사회'였다. 중세 이후 수 세기에 걸쳐 중동부 유럽에서 왕의 권한은 점차 축소되어 왕권의 실체가 없어진 지 오래였다.[13]

반면 대영주나 대귀족의 권한은 막강해져 거의 무제한으로 권력을 행사했다. 특히 폴란드 귀족이 누린 특권은 유명하다. 폴란드는 인구 비율당 귀족의 비율이 유럽에서 가장 높은 나라로, 귀족들은 이른바 '황금 자유(Złota wolność szlachecka, 라틴어 aureă libertăs)'라 불리는 귀족 민주정 통치를 행했다. 1770년대 중반 폴란드의 왕은 계몽주의 영향으로 개혁적인 입법을 도입하고자 했다. 그러자 폴란드의 한 귀족은 다음과 같이 반응했다.

(왕은) 새로운 교육제도를 도입해 젊은이들로 하여금 '황금 자유(귀족 민주정)'에 대한 나쁜 선입견을 퍼뜨리고자 한다. 농노를 선동하여 귀족 질서를 억누르고자 하는 것이다. (……) 그러고는 양쪽의 목에 모두 족쇄를 채우고자 한다. 세금제도를 왜곡해서 주요 가문과 부유한 가문을 약하게 만들어 이들 귀족이 황금 자유 제도를 지키지 못하게 만들려는 것이다.[14]

이러한 귀족의 선민의식은 폴란드라는 나라에 대한 선민의식으로 연계되어, 폴란드를 '기독교 세계의 보루' 또는 '성모 마리아의 보호국'[15]으로 인식하게 하는 결과를 낳았다(후에 폴란드 민족주의가 발흥했을 때 폴란드 민족은 '신의 선택을 받은 사람들', '폴란드는 민족 중의 예수(Christ of nations)', '십자가에 못박힌 메시아가 부활할 것', '인류의 구원자'라는 생각이 공유되었다).

이와 비슷한 생각이 역시 귀족 사회인 헝가리에서도 팽배했다. 마자르족의 후예인 헝가리 귀족은 자신들은 후진적이고 야만적인 슬라브족이나 농노들과는 다르다고 생각했다. 귀족들의 우월의식은 1848년 혁명이 중동부 유럽에서 실패하게 되는 원인으로 작용하기도 했다.

오스만 제국의 발칸 유럽 지배

중동부 유럽이 합스부르크 제국의 지배를 받는 동안, 발칸 유럽은 오스만 제국의 지배를 받게 되었다. 오스만 제국은 15세기부터 19세기(알바니아는 20세기 초)까지, 발칸 유럽은 물론이고 동쪽으로는 흑해 유역에서 캅카스 지역에 이르는 대제국을 수립했다.

12세기 이후 이슬람 세계의 새로운 맹주로 급부상한 오스만 제국은 1337년 소아시아 지역을 손에 넣은 후 발칸 반도를 공략했다. 1380년에 마케도니아 공략을 시작으로 불가리아의 소피아(1385)를 점령했고, 1453년에 콘스탄티노플과 그리스를 함락했다. 뒤이어 오스만 제국은 보스니아(1463), 알바니아(1467~1479), 헤르체고비나(1482~1483),

러시아

합 스 부 르 크 　 제 국

오 스 만 제 국

16~19세기 초, 합스부루크 제국과 오스만 제국 지배하의 동유럽

몬테네그로(1499), 베오그라드(1521), 루마니아(1476~1512)를 장악했다.

오스만 제국은 1526년 모하치 전투에서 헝가리를 제압한 뒤, 헝가리 중부까지 치고 들어갔다. 이로써 오스만 제국은 발칸 유럽 전체(슬로베니아와 두브로브니크, 달마티아, 알바니아 항구 몇 개를 제외)와 중동부 유럽의 헝가리 중부까지 지배권을 확보했다.[16]

오스만 제국의 지배는 지금도 많은 논쟁을 일으키는 역사다. 발칸 학자들의 주장에 따르면, '오스만 굴레'는 발칸 후진성의 주범이다. 오스만 굴레를 주장하는 사람들은 오스만 제국의 지배가 시작되기 전까지 발칸은 서유럽보다 앞서지는 않을지라도 적어도 뒤지지 않는 발전 상태에 있었다고 주장한다.[17] 그런데 오스만 제국이 침략해 곡창 지대 마을들을 파괴하고 인구를 대량 살육했으며, 살육을 피하기 위해 생존자들은 산악지역으로 도망가 가축을 키우며 먹고사는 준유목민 생활을 해야 했다. 이로써 발칸 유럽은 서유럽의 발전된 사상과 변화 들과 단절된 채 문화적 후퇴를 겪으며 야만화되었다는 것이다.

흥미로운 점은 지배 제국을 대하는 태도의 차이다. 헝가리는 오스만 제국보다는 합스부르크 제국에 의해 더 오랜 지배를 받았다. 그럼에도 오스만 제국의 지배를 비판하는 강도로 합스부르크 제국의 지배 역사를 비판하지는 않는다. 헝가리의 한 역사학자는 이렇게 주장한다.

> 오스만 제국이 300년 동안이나 일으킨 전쟁은 헝가리 국가와 민족의 정상적 발전을 파괴했다. 오스만의 통치는 헝가리 역사에서 가장 심각하고 아마도 유일한 주요 재앙일 것이다. 오스만의 지배가 후에 헝가리에 나타난 모든 불행의 원인이다.[18]

오스만 제국의 지배가 더 확고했던 발칸 유럽에 있어서도 발칸의 인구 감소와 경제 쇠퇴는 오스만 지배 이전에 이미 시작됐다는 주장이 제기된다. 농민들이 땅을 버리고 떠나는 것은 그 이전 수 세기에 걸쳐 나타난 현상으로, 발

칸의 많은 지역(불가리아, 마케도니아, 테살로니키)에서 그런 현상이 나타났다는 것이다.[19]

또한 오스만 제국은 서유럽과 다른 농업 제국으로, 결코 후진적이지 않았다. 이러한 '후진적' 발칸이라는 이미지는 서유럽에서 만들어진 이후 아직도 통용되고 있는 오리엔탈리즘의 발로다. 유럽의 패권을 쥐게 된 서유럽은 발칸에 대해 '후진적인 산업, 원시적인 사회관계와 제도, 미신을 믿는 문화, 야만적 종족 문화'라는 정형화된 이미지를 전파시켰다.[20]

일부 발칸 학자들은 이 정형화된 이미지를 거부하지 않고 고스란히 받아들이면서, 엉뚱하게도 모든 책임을 오스만 제국에 전가했다.

민족-종교 공동체 통치

오스만 제국은 여러 측면에서 합스부르크 제국보다 훨씬 더 관용적이었다. 합스부르크 제국이 가톨릭 개종을 강요하면서 다른 종교를 탄압한 반면, 오스만 제국은 동유럽의 이슬람 개종을 강요하지 않았다. 오스만 제국은 종교의 자유를 인정했을 뿐만 아니라 각각의 종교 공동체를 세워 자치권을 부여했다. 오스만 제국은 이슬람 율법을 인정하고 세금을 내는 조건이 붙기는 했지만 비무슬림에게 종교의 자유를 허용했다. 이러한 입장은 오스만 제국의 주요 통치 정책이라 할 수 있는 밀레트(millet: 민족-종교 공동체)의 설립에서 잘 드러난다.

발칸 유럽을 정복한 술탄 메흐메드 2세(1451~1481)는 압도적으로 수가 많은 피지배지의 비무슬림 신자들, 즉 기독교들을 어떻게 통치할 것이냐는 문제에 봉착했다. 오스만 제국의 국법에 따르면 신에게서 부여받은 이슬람법(샤리아)으로는 무슬림 신자들만을 통치할 수 있었다. 메흐메드 2세가 찾아낸 해법이 바로 밀레트 제도다.

밀레트 제도는 비무슬림 백성이 원래 자신들이 믿던 종교에 따라 종교 공동체를 수립하여, 그 안에서 자신들의 종교 율법에 따라 통치받도록 하는 제도다. 단 이슬람의 최고 통치자인 술탄의 최고 권위를 인정해야 하며, 세금을 낸다는 조건이 있었다. 이에 따라 오스만 제국의 지배 지역에서는 3개의 종교 공동체(정교 공동체, 아르메니아 기독교 공동체, 유대교 공동체)가 수립되었다. 이들 종교 공동체의 지도자는 각각 자치권을 부여받아 자율적으로 공동체를 운영했다. 정교 밀레트는 콘스탄티노플에 있는 그리스 총대주교가 관장했고, 그 밑에 있는 교회 관리들이 관리를 맡았다.

그렇다고 해서 오스만 제국 내 비무슬림 신자들이 무슬림과 동등한 위치에서 평등한 대접을 받은 것은 아니었다.[21] 기독교도와 유대인은 수도원, 교회, 암자 등을 세우거나 고칠 수 없었다. 비무슬림 신도는 무슬림에게 공손히 행동해야 했으며, 그들이 건물 안으로 들어서면 일어나서 상석을 양보해야 했다. 안장을 얹은 말을 타서는 안 되며, 집 안에서건 밖에서건 칼 또는 기타 일체의 무기를 소지할 수 없었다. 집 밖에서 십자가와 성경을 공공연하게 가지고 다니면 안 되었다. 기독교도는 길가에서 무슬림과 마주쳤을 때, 말에서 내려 그들이 길을 지날 때까지 기다렸다가 다시 말에 올라타야 했다.

오스만 제국은 2차 빈 포위공격(1687)을 끝으로 중부 유럽 진출을 포기했다. 1차 빈 포위공격으로부터 100년 후에 2차 빈 포위공격을 단행했으나, 이 역시 실패로 끝났다. 1687년 모하치 2차 전투와 1697년 제나 전투에서 잇달아 패배한 이후 오스만 제국의 중동부 유럽 진출 정책은 막을 내리게 되었다.

합스부르크 제국은 오스만 제국과 카를로비츠에서 평화조약(1699)을 체결하여 오스만 제국이 지배했던 헝가리와 크로아티아 영토에 대한 지배권을 넘겨받았다. 이후 오스만 제국은 '유럽의 병자(the sick man of Europe)'로 불리며 하강기를 맞이했다.

오스만 제국의 패배에 대한 대가는 발칸 사람들이 치러야 했다. 오스만 제국으로부터 다양한 특권을 받아낸 네덜란드, 프랑스, 영국의 상인들은 발칸을 무대로 이권 다툼에 나섰다. 유럽에서는 보호무역주의가 팽배했지만, 발칸 유럽에서는 수출입 관세가 극도로 낮게 책정되어 발칸 시장은 서유럽 열강들의 손쉬운 공략 대상이 되었다.

당시의 상황은 보스니아 출신의 노벨 문학상 수상자 이보 안드리치(Ivo Andrić)의 《트라브닉 연대기(*Travnička Hronika*)》에서 잘 드러난다. 안드리치는 18~19세기 보스니아에서 주변 열강들이 어떻게 치열한 외교전을 벌이며 보스니아 경제를 수탈했는지 잘 보여주고 있다. '유럽의 병자'로 전락한 오스만 제국의 지배하에 있던 동유럽은 외부 열강에겐 쉬운 공략 대상이 되었다.

4. 제국 지배의 지속적인 영향

—

16~18세기 동유럽은 합스부르크와 오스만 양대 제국이 치열하게 각축을 벌이는 전쟁터로 전락했다. 1차 빈 포위공격(1593~1606), 2차 빈 포위공격(1683~1699), 세 차례에 걸친 이름 없는 전쟁(1차: 1714~1718, 2차: 1736~1739, 3차: 1788~1791) 등 두 제국은 끊임없이 충돌했다.

전쟁이 있을 때마다 동유럽 국가들은 정치적 혼란에 빠졌고 삶은 피폐해졌다. 이로 인해 농민 반란이 빈번하게 발생했다. 또한 장기적으로 볼 때, 합스부르크 제국과 오스만 제국의 지배는 모두 동유럽 정치를 보수화하는 결과를 가져왔다. 그러나 그 어떤 유산보다도 가장 큰 폐해는, 불안정한 정세 속에서 강제이주, 인구 이동, 피난 등으로 인해 인구 분포가 더욱 엉키게 되면서 이후 민족 갈등의 불씨가 되었다는 점이다.

강력한 제국 '사이에 끼인' 역사의 전개는 몇 가지 중요한 유산을 남겼다. 그중에서도 기독교 로마 제국의 유산은 가장 두드러진다.

첫째, 유럽사 맥락에서 1054년 기독교의 동·서 분리는 일대 사건이었다. 기독교 분리는 전체 유럽사적 맥락에서는 유럽을 동유럽과 서유럽으로 나누는 시원적 계기가 되었다. 로마 제국이라는 같은 뿌리에서 출발한 동유럽과 서유럽이지만 로마 제국의 분리, 뒤이은 기독교의 동·서 분리는 동유럽이 서유럽으로부터 멀어지는 시발점이 되었다. 동유럽과 서유럽의 분기를 만들어낸 것은 기독교 분리만이 유일한 원인은 아니다. 그 후에도 합스부르크 제국과 오스만 제국의 지배는 동유럽 역사 발전의 경로와 서유럽 역사 발전의 경로가 달라지는 요인이 되었다. 또한 서유럽 근대화의 성공과 세계사 헤게모니의 장악도 주요 요인이라고 할 수 있다.

그러나 이 모든 전개 이전에 기독교의 분리는 동유럽과 서유럽의 역사가 갈리는 시작점이 되었다는 점에서 중요한 사건이라 하겠다. 동·서유럽의 분리 계기를 주로 2차 세계대전 후 냉전체제 수립에서 찾지만, 11세기 기독교의 분리로까지 거슬러 올라가는 오랜 뿌리를 가진다고 할 수 있다.

둘째, 기독교 분리는 슬라브족 공동체를 서슬라브 문화권과 남슬라브 문화권으로 나누는 계기가 되었다. 종교를 기준으로 동유럽 14개국은 크게 중동부 유럽 문화권과 발칸 유럽 문화권, 이렇게 2개의 하위 문화권으로 나뉜다.

중동부 유럽 문화권은 가톨릭을 믿는 나라들로 서슬라브 문화권에 속하는 폴란드, 체코, 슬로바키아와, 슬라브족은 아니지만 가톨릭을 믿는 헝가리가 포함된다. 중동부 유럽 문화권은 지리적으로 남쪽의 비잔틴 제국보다는 독일에 더 가까웠고, 그 결과 헬레니즘의 영향보다는 서유럽 게르만 문화의 영향을 더 많이 받았다. 이들 중동부 유럽권 국가들은 10세기에 가톨릭으로 개종했고, 이는 게르만 문화의 영향력을 더욱 굳히는 결정적 계기가 되었다. 또한 헝가리를 제외하곤 15세기 이후에 시작된 오스만 제국의 지배를 받지 않은 데다, 17세기 이후 합스부르크 제국의 지배를 받게 됨에 따라, 이 지역에서 게르만의 영향이 강력하게 남게 되었다.

반면 남슬라브인들은 비잔틴 제국의 영향권에 있던 발칸으로 이주해 들어와 헬레니즘의 영향을 더 많이 받았으며, 동방정교로 개종했다. 15세기 이후에는 오스만 제국의 지배를 받아 이슬람으로 개종하는 지역이 생겨남에 따라, 남슬라브 문화는 상대적으로 이슬람적인 색채를 띠게 되었다.

슬라브 문화권이 분리되면서 서슬라브 문화권과 남슬라브 문화권은 종교를 기준으로 각기 다른 정체성을 형성하게 되었다. 종교를 기준으로 원래 같은 슬라브족에 속했던 사람들은 다른 문화권을 형성하는 것으로 인식하게 되었다.

이러한 경향은 특히 가톨릭 (서슬라브) 문화권 사람들에게서 두드러지게 나타난다. 폴란드, 체코, 슬로바키아 사람들은 정교를 믿는 남슬라브인들보다는 같은 가톨릭을 믿는 중부 유럽(독일, 오스트리아) 사람들이나 서유럽 사람들과 더 심리적 동질감을 느낀다. 심지어 동유럽 가톨릭 문화권 사람들은 자신들은 동유럽이 아니라 중부 유럽 혹은 서유럽의 일원이라고 주장한다. 여기에는 헝가리인도 포함된다. 이들은 자신들의 지역이 '서유럽 가톨릭 세계의 동쪽 요새'라고 주장한다.

그러나 가톨릭이라는 공통의 종교를 믿는다고 해서 역사적으로 다른 경로를 밟으며 다른 삶을 살아온 중동부 유럽 사람들과 서유럽 사이의 차이가 사라지는 것은 아니다. 서유럽의 앵글로색슨족·게르만족 대 동유럽의 슬라브족·마자르족(등등)이라는 종족적 차이 외에도, 중동부 유럽이 걸어온 역사적 경로는 서유럽이 겪은 역사적 경로와 많이 다르다.

서유럽의 역사적 경로가 '르네상스-종교개혁-산업혁명-자본주의'로 이어진다면, 폴란드 같은 동유럽 국가는 '몽골 침입(1230, 1241, 1259, 1287)-중세 십자군 전쟁-30년 전쟁(1618~1648)-스웨덴의 침략(1600~1629)과 오스만 제국의 침략(1672~1676)-3국 분할(1772, 1793, 1795)-빈 회의

(1815)-베를린 회의(1878)-1차 세계대전(1914~1918)과 2차 세계대전(1939~1945)'에 의해 역사적 행로가 규정되었다.

물론 동유럽이, 서유럽이 밟아온 역사적 경로로부터 완전히 동떨어진 것만은 아니고 일부 영향을 받기도 했지만, 그럼에도 두 유럽 사이에는 뚜렷한 역사적 차이가 존재한다. 그런 역사적 경로와 경험의 차이를 무시한다는 것은 동유럽 사람들이 겪어온 역사적 경험의 특수성과 그로부터 파생되는 독자적 정체성을 무화시킬 뿐이다.

셋째, 종교는 또한 동유럽 사람들의 민족 정체성을 형성하는 데도 주요 요소가 되었다. 19세기 이후 동유럽에도 민족주의가 발흥하기 시작했고, 그 이후 종교는 종교 문화권 구분의 기준뿐만이 아니라 개별 민족 정체성을 구성하고 규정하는 주요 기준점이 되었다.

예를 들어 유고슬라비아의 경우 '세르비아 민족', '크로아티아 민족'은 '정교도', '가톨릭교도'로 대체된다. 보스니아 무슬림이라는 말은 보스니아 무슬림 민족이라는 말의 동의어로 쓰인다. 이들은 모두 같은 남슬라브 종족성을 연원으로 공유함에도 불구하고 가톨릭을 믿는 슬로베니아와 크로아티아는 동방정교를 믿는 세르비아인과 별개의 민족 집단으로 인식되었다.

넷째, 오랜 제국 지배와 그로 인한 잦은 피난과 이주 정책은 동유럽의 민족 갈등을 부추기고 민족 문제를 양산하는 데 기여했다. 잦은 침략에 따른 이주와 대제국이나 외세가 부침을 겪을 때마다 변하는 국경선으로 인해, 여러 민족들이 같은 공간에 섞여 살게 되었다.

예를 들면 합스부르크 제국은 17세기 오스만 제국의 공격에 대비하기 위해 세르비아인들에게 세금을 면제해주는 등 혜택을 주며 현재의 크로아티아 국경 지역으로 이주시켜 이른바 '크라이나(Krajina: 군사 경계지역)'를 건설했다. 이는 세르비아인들이 크로아티아로 대량 이주하는 계기가 되었다.

1991년 유고슬라비아 사회주의 연방 해체의 와중에 크로아티아가 독립을 선언하자 크라이나 지역에 살던 세르비아인들은 크로아티아로부터 분리 독립하여 모국인 세르비아와 합병하겠다고 선언했다.

　오스만 제국의 이주 정책도 합스부르크 제국과 마찬가지로 발칸 유럽의 민족 갈등을 심화시키는 결과를 초래했다. 코소보를 가운데 놓고 벌어지는 세르비아와 코소보 알바니아인 간의 심각한 민족 갈등도 그 연원을 따지자면 오스만 제국의 이주 정책으로까지 거슬러 올라가게 된다. 코소보는 원래 세르비아 정교 문화의 발생지로, 최초의 세르비아 왕국이 탄생한 지역이자 세르비아 정교회가 독립 교구로서 처음 인정을 받고 수립된 곳이다. 이렇게 역사적으로 세르비아인에게는 유서 깊은 지역인 코소보에 오스만 제국은 알바니아로부터 무슬림을 대거 이주시켰다. 그 이후 지금까지도 코소보는 세르비아 민족 갈등의 주요 발현지가 되어 많은 갈등을 불러일으켜 왔다. 즉 오랜 세월에 걸쳐 특정 지역에 여러 민족이 함께 사는 다민족·다문화·다종교 사회가 된 것이다. 이러한 다민족 사회의 양산은 20세기 민족국가 시대가 열리면서 커다란 문제로 대두되었다. 발칸 유럽이나 중동부 유럽에서 나타나고 있는 민족 갈등의 모든 원인을 이러한 대제국의 이민족 이주 정책 탓으로 돌릴 수는 없지만, 그 토양을 제공했다는 점에서 분명 문제의 한 부분을 차지한다 하겠다.

2장

열강의 4파전과 민족 투쟁
(19세기)

1. 열강들의 각축과 동유럽 민족운동의 태동

—

19세기에 들어서면서 동유럽을 둘러싼 국제정세는 급변했다. 발칸 유럽은 15세기 이후 오스만 제국에 의해, 중동부 유럽은 16세기 이후 합스부르크 제국에 의해 지배받았다. 300년 이상 지속되던 양 제국의 대치구도 속 세력 균형은 18세기 말부터 더 많은 열강이 가세하면서 무너지기 시작했다.

중동부 유럽에서는 기득권을 쥐고 있던 합스부르크 제국 외에도 독일 제국과 러시아 제국이 각축전에 뛰어들어 삼각구도가 형성되었다. 통일을 완성한 독일 제국은 범게르만주의를 펼치며 동유럽을 압박해 들어갔고, 동남진 정책을 펴던 러시아는 범슬라브주의로 동유럽을 압박해 들어갔다. 이 격돌 속에서 폴란드는 1772~1795년 사이에 세 차례에 걸쳐 삼국으로 분할되었다.

한편 좀 더 남쪽으로 내려와 발칸 유럽에서는 오스만

제국의 국운이 '유럽의 병자'라 불릴 정도로 약화된 틈을 타, 오스만 제국의 패권에 합스부르크 제국과 러시아 제국이 도전장을 내밀었다. 오스만 제국이 철수하면 발칸 유럽은 무주공산이 될 것이라 예상한 합스부르크 제국과 러시아 제국은 서로 먼저 발칸을 차지하기 위해 뛰어들었다. 이렇게 해서 중동부 유럽과 발칸 유럽에는 각기 다른 삼각구도가 이중으로 형성되었다.

이중 삼각구도의 복잡한 제국 각축의 전개 속에서 동유럽의 민족운동이 태동했다. 발칸 유럽에서는 1802년 세르비아 봉기를 시발로 하여, 1821년 루마니아 봉기, 1830년 불가리아 봉기가 연이어 발생했다. 중동부 유럽에서는 1848년 혁명 이전에도 1831년 헝가리 농민 봉기, 1846년 폴란드 귀족 봉기가 연달아 발생했다. 그러나 1800년대에 발생했던 동유럽 전역의 저항운동은, 아직 대중적 지지기반을 갖추지 못한 엘리트들이 민족을 명분으로 조직하고 수행하는 성격이 강했다.

동유럽 민족운동을 연구하는 흐로흐(Miroslav Hroch)의 민족운동 3단계론에 따르면, 19세기 민족운동은 소수의 정치인과 지식인, 상인, 성직자가 이끄는 1단계, 민족운동의 초기에 해당했다.[1] 정확한 기준에서 보자면, 인구의 다수를 차지하는 농민들의 지지를 끌어들이는 3단계로까지 나아가야 비로소 대중적 민족운동으로 발전할 수 있으나 1848년 전후의 저항운동은 여기에 미치지 못했다.

그렇지만 대중적 지지기반 여부가 대규모 저항운동의 성패를 좌우하는 관건은 아니었다. 발칸 유럽의 저항운동은 대중적 지지기반의 결여에도 불구하고 성공을 거둔 반면, 중동부 유럽의 민족운동은 실패로 끝났다. 발칸 유럽에서는 세르비아, 루마니아, 불가리아가 자치권을 획득하고 1878년에 독립을 쟁취했다. 성패 여부는 민중의 지지 같은 내적 동인에 의해 좌우되기보다는 급변하는 국제정세에 달려 있었다. 발칸 유럽에서는 열강들이 오스만 제국의 해체를 기정사실로 받아들이고 힘의 교체를 바랐기 때문에, 발칸 민족주의 지도자들은 자치권을 따내고 궁극적으로 독립을 인정받을 수 있었다. 발칸 민족주의자들의 봉기와 저항이 독립의 결정적 요인은 아니었다(1913년 알바니아 독립에서는 결정적 요인이 되었다).

발칸 문제가 '동방 문제(Eastern Question)'라는 외교 문제로 비화되는 소용돌이 속에서, 러시아의 개입과 지원에 힘입어 발칸 사람들은 오스만 제국으로부터의 독립을 쟁취할 수 있었다. 다시 말해 발칸의 독립은 강대국들의 힘을 빌려 획득한 무기력한 독립이었다.

반면 중동부 유럽에 위치한 폴란드, 헝가리, 체코의 민족 독립과 자치권 요구는 실현되지 못했다. 중동부 유럽에서 패권을 쥐고 있는 합스부르크 제국의 해체를 바라는 열강은 없었다. 강대국들은 합스부르크 제국의 해체가 유럽의 세력 균형을 깨뜨릴 것이라고 우려하여 이 지역 피지배 민족들의 독립을 바라지 않았다. 합스부르크 제국의 중앙정부는 여유롭게 동유럽의 1848년 혁명을 무력화했다. 폴란드, 헝가리, 체코 사회 내의 약점을 이용하여 피지배 민족의 지배층과 피지배층 사이를 갈라놓고 다수민족과 소수민족 사이를 갈라놓는 한편, 무력을 이용하여

1848년 혁명을 무위로 돌렸다. 결국 중동부 유럽 민족의 해방은 20세기로 넘어가서야 성사될 수 있었다.

2. '동방 문제'와 발칸 민족운동의 성공

—

1802년 세르비아 봉기는 그 후 한 세기 동안 지속된 발칸 유럽의 오스만 제국에 대한 항쟁의 시발점이었다. 400년 이상 군림하던 오스만 제국의 지배력은 17세기 이후 차츰 약화되어, 1800년대 들어서면 거의 무정부 상태라 할 정도로 무너졌다. 오스만 제국은 1699년 카를로비츠 조약을 통해 합스부르크 제국에 크로아티아, 헝가리 트란실바니아(1526년 모하치 전투 승리 이후)에 대한 관할권을 넘겨주었다. 이를 기점으로 오스만 제국의 유럽 팽창정책은 사실상 끝이 났다.

팽창정책 철회의 후유증은 컸다. 오스만 제국은 제국 운영 비용을 정복전쟁의 승리를 통해 확충해왔는데, 정복전을 치르지 않게 되자 재원 조달에 문제가 생겼다. 재정 상황은 급격히 나빠져 지방 관리와 예니체리(군인 관리)는 봉급마저 제때 받지 못했다. 봉급을 받지 못한 예니체리는 자신들의 관할권에 있던 발칸의 농민을 수탈하고 착취했다.[2] 그 결과 발칸 사회는 일대 혼란에 빠졌다.

수탈에 시달리던 농민들은 친족 공동체 자드루가(Zadruga)에 의존하여 생계를 꾸려나가야 했다. 자드루가는 서너 개의 친족을 하나의 생활-노동 단위로 묶은 일종의 혈족 공동체(한국의 집성촌과 비슷하다)로, 가난한 농민들은 그나마 이 대가족에 의존하여 생계를 이어갔다. 또한 산악지역에서는 가난한 사람들이 양 도둑질이나 산적질(Hajduk)로 생계를 이어갔다. 발칸은 영토의 70퍼센트가 산악지역이라, 산적들이 법망을 피해 산에서 활동하기 좋은 자연조건이었다. 이들은 오스만 제국의 중앙 행정력이 약화된 틈을 타 국경지역에서 출몰하여 약탈을 일삼았다.

이렇게 치안이 악화되었지만 오스만 정부는 대낮에조차 통행 안전을 보장하지 못하는 상태가 되었다. 산적들은 18~19세기 발칸 민요에서 의적으로 묘사되기도 했으나,[3] 실상은 무슬림 관리들뿐만 아니라 가난한 기독교 농민들을 착취하는 도둑이었다.

오스만 제국의 통치 난맥상으로 인한 정치적·사회적 혼란은 상인과 성직자 들의 개혁 열망을 자극했다. 오스만 제국의 중앙정부가 약화되면서, 교역과 자본의 주도권을 잡게 된 정교 상인들이 민족운동의 지도세력으로 부상했다. 19세기 초 세르비아의 민족운동을 이끌었던 페트로비치(Karađorđe Petrović)나 루마니아의 민족운동을 이끈 투도르 블라디미레스쿠(Tudor Vladimirescu)는 모두 상인 출신이었다. 오스만 제국은 발칸을 지배하면서 왕권 위협세력의 방지 차원에서 지주들의 재산 상속을 금지해왔었다. 이로써 발칸의 토착 귀족 계급은 사라졌다(루마니아 토착 세습 귀족 보야르는 존속).[4]

상인들은 문자를 읽을 줄 알고 외부세계를 마음대로 돌아다니며 교류할 수 있다는 이점을 바탕으로 사회 지도층으로 부상했다. 특히 자본주의 부상으로 눈부시게 발전한 서유럽과의 교역은 이들을 크게 자극했다. 서유럽 시장들과의 교역에서 일익을 담당했던 정교 상인들은 서유럽의 새로운 흐름을 접했고, 민족주의도 그렇게 접한 사

상 중의 하나였다.[5]

발칸 유럽에서 처음으로 세르비아에서 1802년과 1815년 두 차례에 걸쳐 오스만 제국에 대항하는 봉기가 일어났다.[6] 처음에 세르비아의 저항운동은 농민을 착취하던 예니체리에 대한 반란으로 시작되었으나, 곧 술탄에 대항하는 엘리트들의 민족 저항운동의 성격을 띠게 되었다. 오스만 제국은 봉기 지도자들을 처형하는 무자비한 탄압 정책을 썼고, 이는 더 큰 반발을 불러일으켜 세르비아 봉기는 산악지역으로까지 확대되었다.

루마니아에서는 1821년, 역시 가축 거래 상인이던 블라디미레스쿠가 대규모 봉기를 이끌었다. 블라디미레스쿠는 외세의 과도한 세금 부과로 인한 불이익을 비판하며 루마니아 사람들의 지지를 호소했다. 이들의 목표는 오스만 제국의 대리인으로 군림하는 그리스인 지도자들과 루마니아 토착 귀족(보야르)에 대항하는 것이었다. 이들 봉기세력은 1826년 루마니아 전역에 대한 지배권을 장악했다. 그러나 블라디미레스쿠가 살해당한 후 저항운동은 소강기에 접어들었다.

불가리아에서는 1830년부터 1840년 사이에 간헐적으로 봉기가 발생했으나 진압되었다. 봉기가 다시 발생한 것은 1876년으로, 1875년 이웃한 헤르체고비나에서 시작된 민족 봉기가 불가리아에까지 확산되었다.

동방 문제

오스만 제국의 쇠퇴로 인한 발칸 유럽의 권력 공백은 발칸 사람들의 독립 욕구만 자극한 것이 아니었다. 약화된 오스만 제국에 이어 '누가 발칸을 차지할 것인가'라는 문제를 놓고, 유럽 열강들의 제국주의적 지배욕을 촉발했다. 이런 이유로 발칸 문제는 '동방 문제'라 불리며 유럽 외교계의 뜨거운 이슈가 되었다.[7]

열강들은 발칸 사람들의 독립 열망은 안중에도 없었다. '통치 능력 없는' 발칸 사람들에게 발칸을 맡길 수 없으며, 오스만 제국이 아니라면 러시아나 합스부르크 같은 다른 제국이 지배해야 한다는 게 열강들의 논리였다. 당시의 전반적인 분위기는 1864년 한 프랑스 작가의 이야기에서 잘 드러난다.

> 심지어 우리 시대에조차, 튀르크 지배하에 있던 기독교도들은 대체 어디에 속하느냐, 다시 말해 러시아에 속하느냐, 오스트리아에 속하느냐, 프랑스에 속하느냐 의아해하는 사람들이 무척 많았다. 그때 만일 어떤 사람이 엉뚱하게도, 이들은 바로 그들 자신에게 속한다고 말했다면, 그는 아마 헛소리하는 사람으로 뭇사람들의 연민과 조소를 자아냈을 것이다.[8]

'동방 문제'라는 인식 속에는 '서유럽의 상상의 지리'로서의 동양에 대한 차별의 시선이 고스란히 담겨 있었다. 서양이 오스만 제국에 투영했던 차별과 비하의 시선은 '유럽의 터키' 발칸 유럽으로 그대로 전이되었다. 서유럽은 오스만 제국에 대해 다분히 이중적이면서도 모순적인 태도를 갖고 있었다. 서양은 7세기 이슬람의 유럽 침략 이후 이슬람에 대한 불신과 혐오를 형성해왔으며, 이는 15~17세기 이후 오스만 제국으로 옮겨갔다.

그러나 번성한 오스만 제국에 대해선 찬사의 눈길도 보냈다. 서유럽 여행객들과 정치인들은 제국 수도 콘스탄티노플을 향해 "세계에서 가장 훌륭하고 위대한 도시"라는 찬사를 수없이 쏟아냈다.[9] 오스만 제국을 "지상에서 가장 위대하고 가장 굳건한 나라"라고 묘사하는 서유럽인도 있었다.[10]

그러나 17세기 후반 서유럽이 식민 지배를 통해 세계의 강자로 부상하면서, 이런 찬사의 눈길은 거두어졌다. "지상에서 가장 뛰어난 제국"은 아시아 전제정의 나라로, '정통성 결여, 부패, 착취'의 나라로 바뀌었다.[11] 자본주의 체제 등장 이후 날로 강성해지는 서유럽 국가들의 지나친 자신감이 왜곡되어 서유럽의 오랜 적인 이슬람 제국에 투영된 것이다.

그리고 오스만 제국의 지배하에 있던 발칸은 그 유탄을

맞아, 한 영국 정치가의 표현을 빌리자면 "유럽이라는 살속에 깊숙이 파묻힌 이물질 존재"로 취급받게 되었다.[12]

4파전

19세기 발칸 유럽에서는 피지배 민족과 제국 들이 4파전 양상으로 충돌했다. 첫째, 독립을 쟁취하려는 세르비아, 루마니아, 불가리아 민족들과 제국을 지키려는 오스만 제국이 격돌했다.

둘째, 발칸에 대한 패권을 수성하고자 하는 오스만 제국과 이를 뺏으려는 러시아 제국 간, 오스만 제국과 합스부르크 제국 간에 치열한 각축전이 벌어졌다.

셋째, 오스만 제국의 지배에서 아직 독립하지 못한 보스니아-헤르체고비나를 놓고 세르비아의 민족주의적 확대 욕구와 합스부르크의 제국주의적 팽창정책이 정면충돌했다. 결국 이 대결은 사라예보에서 합스부르크 황태자가 세르비아계 보스니아 청년에 의해 암살되는 사건으로 절정을 이루었고, 이 사건은 1차 세계대전의 도화선이 되었다.

넷째, 피지배 민족 간 충돌이 발생했다. 신생국 영토를 조금이라도 더 확보하기 위해, 불가리아는 세르비아가 주도하는 발칸 동맹국들과 1913년에 2차 발칸 전쟁을 치렀다. 이 4파전의 혼돈 속에서 발칸은 '유럽의 화약고'로 인식되기 시작했다.

이 혼돈의 양상 속에서 세르비아, 루마니아, 불가리아는 1878년 베를린 회의를 통해 국제사회에서 독립을 인정받았다. 이들 3국이 독립한 데는 러시아의 역할이 있었다. 1815년 빈 체제 이후 '유럽의 경찰'임을 자임하던 러시아는 폴란드 3국 분할(1772~1795)에서 가장 큰 몫을 차지한 후 발칸 유럽으로 눈길을 돌렸다.

러시아의 확장 욕구는 흑해에 이어 발칸에서도 오스만 제국과의 충돌을 불러왔다. 러시아는 흑해 지역의 패권을 놓고 17세기 후반 이후 오스만 제국과 1853년 크림전쟁을 포함하여 열두 번이나 전쟁을 치렀다. 러시아는 슬라브 민족이라는 점과, 정교라는 공통점을 내세워 세르비아, 루마니아, 불가리아를 포섭하는 데 나섰다. 1875년 보스니아 농민 봉기는 러시아-오스만 전쟁을 촉발했고, 러시아가 승리를 거두었다.

러시아 편에서 참전한 불가리아는 그 보상으로 독립을 인정받았다. 1878년 3월에 체결된 산스테파노 조약에 의해 불가리아는 도나우강부터 에게해에 이르는 넓은 영토에 걸쳐 독립국가 건설을 보장받았다. 그러나 체결 3개월 만에 산스테파노 조약은 러시아의 팽창을 우려한 열강들의 견제로 인해 무력화되었다. 산스테파노 조약도 베를린 조약으로 대체되었다. 이때 영토 축소를 당한 불가리아의 불만은 결국 1913년 2차 발칸 전쟁을 촉발하는 요인이 되었다.

한편 합스부르크 제국의 발칸 팽창 욕구는 민족국가 확장을 열망하던 세르비아와의 충돌을 예견했다. 1878년 베를린 조약에 의해 합스부르크 제국 보호령으로 지정된 보스니아-헤르체고비나는 1908년에 합병되었다.[13] 이로 인해 세르비아는 독립 후 민족국가를 확대하려던 야망이 좌절되었다. 세르비아 민족주의에 따르면, 보스니아 무슬림은 원래 세르비아와 같은 남슬라브족이었으나, 오스만 제국의 침략을 받은 후 이슬람으로 강제 개종한 동포였다. 세르비아는 독립국가 수립의 기세를 몰아 보스니아 무슬림('개종한 세르비아인')도 세르비아에 통합시키고자 했다.

그러던 차에 합스부르크 제국이 보스니아를 합병한 것은 세르비아에 충격을 주었고, 이로 인해 합스부르크 제국에 대한 증오가 촉발되었다. 여기에 이른바 '돼지 전쟁'이라 불리는 관세 전쟁까지 발생하자, 양국 관계는 악화일로를 걸었다. 세르비아는 합스부르크 제국에 경제적으로 종속되어 있었는데, 1905년에 이런 종속관계에서 벗어나기 위한 방편으로 불가리아 관세동맹을 맺었다. 합스부르크 제국은 관세동맹의 철회를 요구했으나 세르비아가 거부하자, 세르비아의 주요 수출품인 돼지와 소의 수출을 봉쇄했다.

1914년 세르비아계 보스니아 청년 프린치프가 합스부르크 황태자 페르디난트 대공을 암살한 것은 합스부르크 제국주의와 세르비아 민족주의가 보스니아 쟁탈권을 놓고 충돌하면서 빚어진 결과였다.

'동방 문제'는 피지배 민족들 간의 영토 확보 전쟁도 촉발했다. 세르비아, 루마니아, 불가리아의 독립 이후 오스만 제국은 마케도니아와 알바니아에 대해서만 패권을 갖고 있었다. 그러나 오스만 제국의 발칸 지배권이 오래갈 것이라고 보는 사람은 없었다. 독립을 쟁취한 발칸 국가들은 서로 힘을 합쳐 알바니아 독립전쟁을 이용하여 오스만 제국을 발칸에서 몰아내고자 했다.

1878년 베를린 조약에 따라 알바니아는 몬테네그로에 할양되었는데, 이는 알바니아 사람들의 입장에서는 용납할 수 없는 유럽 열강들의 처사였다. 알바니아인은 슬라브족의 이주 훨씬 이전부터 발칸반도에서 살던 선주민의 후예들로, 남슬라브족(세르비아인)이 인구의 다수인 몬테네그로와는 아무런 상관없는 별개의 민족이었다. 그럼에도 독립이 아닌 할양이라는 열강 외교의 결정에 충격을 받은 알바니아인들은 독립운동에 나섰다.[14]

1912년 10월 알바니아는 오스만 제국에 대항하여 독립을 선언했다. 세르비아, 불가리아, 그리스, 몬테네그로는 발칸동맹을 결성하여 알바니아의 독립 지원에 나섰다. 1차 발칸 전쟁이 발발한 것이다. 약해질 대로 약해진 오스만 제국은 패전을 거듭했다. 오스만 제국은 1839년부터 1878년 사이에 탄지마트 개혁을 단행하여 행정 효율성을 높이고 군사력을 개선하고자 했지만, 이미 추락하고 있는 제국의 쇠퇴를 막기에는 역부족이었다. 1913년 5월 최종 강화조약이 성립되어 오스만 제국은 발칸 유럽에서 물러나게 되었다. 유럽 열강은 알바니아의 독립을 승인했다.

문제는 그다음이었다. 오스만 제국과의 전쟁에서 승리를 거둔 발칸동맹국들 사이에 갈등이 불거지면서 2차 발칸 전쟁이 발발했다. 불과 얼마 전까지 같은 정교 공동체(밀레트)에 속한 이웃이자, 발칸동맹을 맺었던 발칸 사람들은 새로운 민족국가의 국경선 획정을 놓고 적국으로 돌변했다. 1차 발칸 전쟁의 강화조약에서 결정된 영토 분배를 둘러싸고 발칸 동맹국들은 서로 대립했다.

1913년 6월, 그동안 영토 분배에 불만을 품어왔던 불가리아가 갑자기 세르비아와 그리스를 공격했다. 세르비아와 불가리아는 마케도니아 문제를 놓고 맞붙었다. 나머지 발칸 동맹국들(몬테네그로, 그리스, 루마니아)은 세르비아 편에 서서 불가리아와 맞서 싸웠다. 불가리아는 연전연패하여, 1차 발칸 전쟁을 통해 획득한 영토를 모두 잃었다. 이 와중에 마케도니아는 불가리아, 세르비아, 그리스 사이에서 3분할되었다.

19세기 발칸 민족의 독립을 둘러싼 4파전 양상의 싸움은 20세기 동유럽이 겪어야 할 혼란을 예견하고 있었다.

3. 중동부 유럽의 1848년 혁명과 실패

—

발칸 유럽이 '동방 문제'의 소용돌이에 휩쓸리는 동안, 중동부 유럽에서는 합스부르크 제국의 절대주의 통치에 대한 피지배 민족들의 모순과 불만이 쌓이고 있었다. 19세기 합스부르크 제국이 일련의 대외전쟁에서 패배하는 굴욕을 당하자, 신성불가침으로 여겨지던 합스부르크 제국의 위상은 피지배 민족들 사이에서 흔들리기 시작했다. 더군다나 1848년 전후 수년 동안 합스부르크 제국의 사회적 상황은 극도로 피폐해졌다. 1845~1847년에 감자 마름병이 퍼져 기근이 확산되었고, 1847년엔 불경기가 덮쳤다. 이에 따라 실업, 산적 출몰, 방랑 등의 사회적 문제가 더욱 악화되었다.

엎친 데 덮친 격으로 1847~1850년에는 콜레라까지 동유럽 전역에서 발생해 수백만 명의 사람들이 목숨을 잃었다. 콜레라 감염자가 하층 계급(부랑자, 거지, 일용직 노동자)

에서 많이 나오자, 귀족 계급이 '더러운 하층 계급'을 제거하기 위해 일부러 전염병을 퍼뜨렸다는 소문이 나돌기도 했다.[15]

이런 와중에 터져나온 1848년 3월 파리 혁명 소식은 중동부 유럽 전역에서 그동안 누적되어오던 여러 갈등이 폭발하는 계기가 되었다. 3월 파리에서 혁명 소식이 전해진 지 일주일 만에 혁명이 중동부 유럽으로 확산되었다.

귀족 민족운동의 한계

중동부 유럽에서 1848년 혁명을 주도한 것은 귀족이었다. 중동부 유럽에서는 아직 중세적 전통의 '귀족 민족(noble nation)'의 특성이 강하게 남아 있었다.[16] 중동부 유럽의 귀족은 막강한 권력을 가진 특권층이었다. 폴란드에서는 1572년 이후 귀족들이 왕을 선출할 수 있게 되었으며, 자유거부권(liberum veto)을 발휘하여 자신들의 이해관계를 독점적으로 도모했다.[17] 귀족들만이 땅을 소유할 수 있었고, 공직에 진출할 수 있었으며, 시민권과 투표권을 주장할 수 있는 존재였다.[18] 중동부 유럽의 귀족은 자신들만이 민족의 구성원이라고 여겼다. 여기서 말하는 민족(nation)은 근대적 의미의 정치·문화 공동체 성원이 아닌, 종교회의 대표권을 가진 존재라는 중세적 의미다.[19]

귀족들이 혁명을 통해 쟁취하고자 한 것은 귀족의 정치적 특권의 부활이었다. 합스부르크 제국하에서 대폭 축소된 특권을 되찾아 자신들의 사회적·경제적 지위에 맞는 정치적 역할을 맡는 것이었다.[20] 또한 '가난한 귀족' 문제를 해결하자는 의도도 작용했다.

헝가리의 경우 귀족은 전체 인구의 5퍼센트를 차지하여, 유럽 어느 나라보다도 귀족의 비율이 높았다. 헝가리는 16~17세기 오스만 제국과의 전쟁 동안 군인 신병 모집을 강화하면서, 차후 보상 차원에서 군인 중 많은 이들을 귀족 계급에 편입시켰다. 이들은 정치적 민족(noble nation)으로서의 지위를 인정받았으나, 경제 상황은 말이 아니었다. 전체 귀족의 4분의 1은 대귀족 가문에 속해 농지의

40퍼센트를 소유하며 많은 특권을 누렸다. 1790년대부터 1800년대까지 농업 수출이 호황을 맞이하여 귀족들은 사치스러운 삶을 살 수 있었다. 나폴레옹 전쟁과 보불전쟁(프로이센-프랑스 전쟁)으로 인해 전쟁 지역에서 농산물 생산이 어려워지자, 동유럽의 농산물 수요가 급증했고, 헝가리의 곡물과 모직물 가격도 네 배나 폭등해 큰 이득을 볼 수 있었다.

그러나 1814년 이후 전쟁 특수가 끝나고 경제 상황이 어려워짐에 따라, 호사를 누리던 귀족들의 삶도 타격을 입게 되었다. 그나마도 대귀족은 별반 문제가 없었지만, 전체 귀족의 4분의 3을 차지하는 가난한 중·소 귀족은 큰 타격을 입었다. '샌들 귀족'(부츠 살 돈이 없어 샌들을 신고 다닌다고 해서 붙여진 명칭)으로 불리는 가난한 귀족은 영지가 없어 소작농과 다를 바 없는 생활을 했고, 하급 공무원 혹은 대영주의 관리인으로 생계를 이어나갔다. "신사는 결코 서두르지 않으며, 빚을 갚는 법이 없다"는 속담이 생겨날 정도로 궁핍한 생활이었다.

헝가리 귀족들은 이런 위기에 대한 타결책으로 독립국가를 수립하여 일자리 수를 늘려 한자리 차지하고자 했다.

그러나 귀족의 특권을 강화하기 위해 동원된 민족주의가 대중적 민족운동으로 확산되기는 힘들었다. 귀족들은 농노 문제 같은 자민족 내의 사회 갈등 해결에는 관심이 없었고, 사회 갈등이 해결되지 않은 상태에서 민족운동은 세를 결집하지 못했다.

1848년 혁명에 참여한 여러 엘리트 집단은 서로 다른 꿈을 꾸고 있었다. 귀족들이 귀족 특권의 복원을 목표로 삼았다면, 중산층 자유주의자들은 검열의 폐지와 언론·집회·결사의 자유를 목표로 삼았다. 노동자들은 실업 문제 해결과 더 많은 봉급을 요구했고, 농노들은 농노제의 폐지를 갈망했다.

그러나 귀족들은 각계각층의 목소리에 제대로 귀를 기울이지 않았다. 1831년 헝가리 농민 봉기 때 귀족들은 민족운동의 필요성을 강조하면서도, 농민들의 요구를 수용하기는커녕 농민 지도자 100명을 처형하는 무자비한 진

압 정책을 펴서 공분을 샀다.[21]

1846년 크라쿠프(폴란드 3국 분할 중 합스부르크 지역)에서 발생한 폴란드 귀족 봉기 때도 상황은 비슷했다. 1848년 혁명 2년 전, 크라쿠프에서 일단의 폴란드 귀족들이 봉기를 일으켰다. 그런데 이 봉기는 합스부르크 군대가 개입하기도 전에, 가난한 농민들이 귀족의 학정에 저항하는 봉기를 일으킴으로써 실패로 끝났다.[22]

폴란드 지주들과 영지 관리인들은 농민 반란군에 의해 잔혹하게 학살당했다. 그러므로 농민을 억압하는 귀족들의 1848년 혁명 동참 요구에 농민들이 적극적으로 참여할 리 없었다. 민족 봉기 지도자가 지원병을 모집하러 가자 일부 농민들은 도망가거나 숨기도 했다.

사실 동유럽 인구의 70~80퍼센트를 차지하는 농민에게 민족주의란 너무나 생소한 이야기였다. 동유럽 농민들이 갖고 있는 집단적 정체성은 오랜 세월 신앙을 바탕으로 형성된 종교적 정체성이 대세를 이루었다. 이들 생활의 중심에는 교회가 존재했다. 국가관료 조직이 발달하지 않은 상황에서 교회는 교육, 복지, 고아원, 도서관 등등 일상 생활의 거의 모든 부분을 담당하는 만능 해결사였다. 그런 만큼 농민 다수의 일상에서 교회가 차지하는 비중은 압도적인 것이었다. 그러므로 귀족들이 주도하는 민족운동이 대중에게 영향을 미치는 데는 한계가 있었다. 민족어 운동의 제한된 성과는 이를 잘 보여준다.

문헌학자, 역사가, 고고학자, 시인 등으로 구성된 지식인 집단은 민족어 보급과 민족의 영웅적 역사 편찬 작업에 적극 나섰다. 낭만주의 영향을 받은 지식인들은 엘리트들이 쓰는 라틴어나 프랑스어, 독일어 대신 민중이 쓰는 슬라브어나 다른 피지배 민족들 고유의 언어를 확산시켜 민족정신과 독창성을 구현하고자 했다. 체코의 도브로브스키(Josef Dobrovský), 헝가리의 페렌츠(Ferenc Kölcsey), 세르비아의 카라지치(Vuk Karadžić) 등이 민족어 운동을 이끌었다.

그러나 오랜 세월 자기 고향 방언을 써온 마을 사람들이 갑자기 민족 표준어를 구사하기를 기대하기는 힘들었다. 1836년 체코 최초의 역사서가 독일 패권주의를 비판하기 위해 쓰였음에도 불구하고 체코어가 아닌 독일어로 출간된 것이나, 작곡가 스메타나와 소설가 카프카가 체코 어가 아닌 독일어로 창작 활동을 한 것도 같은 이유에서 다.[23] 19세기 후반 20세기 초까지 표준어는 대다수 체코인 에게 여전히 익숙하지 않은 생경한 말이었다. 상황은 동유 럽 어느 민족의 경우나 거의 비슷했다.

실패한 1848년 혁명

1848년 혁명에서 대중적 지지의 결여만큼이나 문제 가 된 것은 중동부 유럽을 둘러싼 국제정세가 결코 피지 배 민족에게 호의적이지 않았다는 점이다. 발칸 유럽에서 는 유럽 열강들이 오스만 제국의 해체를 위해 발칸 피지 배 민족의 편을 든 반면, 중동부 유럽에서는 합스부르크 제국의 해체를 바라는 유럽 열강은 없었다. 왜냐하면 합 스부르크 제국이 해체될 경우 합스부르크 제국만큼 강력 한 두 강대국, 독일 제국과 러시아 제국이 패권을 장악하기 위해 뛰어들 것이 명백했기 때문이다. 그렇게 되면 유럽 대륙 내에서 힘의 균형이 깨지고 혼란이 야기될 게 뻔했다.

합스부르크 제국의 존속 필요성은 체코 같은 일부 피지배 민족의 지도자들조차 공유하는 바였다. 1848년 혁명에서 헝가리는 독립을 요구했지만, 체코는 독립이 아닌 자치권을 요구했다. 체코 지도부의 목표는 합스부르크 제국의 틀 안에서 체코의 언어적·문화적 정체성을 지키고, 경제 발전을 추진하는 것이었다. 이는 체코 지도부에 팽배해 있는 위기의식 때문이었다. 독일 제국의 범게르만주의와 러시아 제국의 범슬라브주의 경쟁 사이에 끼여 있다는 위기의식은 체코 민족주의자들로 하여금 합스부르크주의 제국의 존속을 전제로 하는 오스트로-슬라브주의(Austro-Slavism)라는 대안을 구상하게 했다.

체코의 오스트로-슬라브주의 지지자들은 합스부르크 제국이라는 방어벽을 유지해야, 체코 같은 약소국이 살아남을 수 있다고 보는 입장이었다. 체코 지도자들은 프로이센 주도의 독일 통일이 체코와 같은 약소국에 가할 위협을 누구보다 심각하게 인식하고 있었다. 그래서 합스부르크라는 다민족·다언어 제국의 틀을 그대로 유지하되, 체코 민족들이 제국 내 게르만 민족과 같은 지위를 누리길 바랐다. 체코 민족운동 지도자 하블리체크(Karel Havliček)의 주장은 이런 입장을 잘 반영하고 있다.

유럽에서 거대 제국들이 형성되고 있는 지금 이 시점에, 체코인들을 위한 완전한 독립이란 매우 불행한 일이 될 것이다. 우리는 아주 약한 국가, 다른 국가들에 의존하는 그런 국가밖에 될 수 없을 것이다. 그리고 우리 민족의 존재는 계속 위협을 받을 것이다. 다른 한편 오스트리아의 다른 슬라브 민족들과 통합하는 가운데서 우리는 독립을 누릴 수 있을 것이다. (……) 동시에 강력한 국가와 연합함으로써 상당한 이익을 볼 수 있을 것이다. 오스트리아 제국을 건설하고 유지하는 데 솔직하고 진지하게 협동하는 것이 우리가 할 수 있는 전부다.[24]

그러나 체코의 오스트로-슬라브주의자들이 전제조건으로 내세운 연방화(federation of nationalities), 연방구성 민족 간 평등 관계와 자치 인정은 합스부르크 제국 정부가 받아들일 수 없는 조건이었다. 절대주의를 신봉하는 합스부르크 제국에서 충성은 신민들이 황제(Kaisertreue)와 황제 가문에게 표하는 것이지, 황제가 국민에게 표하는 것이 아니었다.[25] 황제는 자신이 속한 가문의 가권(Hausmacht)만 보호하면 책임을 다하는 것이라고 생각했다.[26] 그러므로 제국이 존재하는 한 체코 민족주의자들이 요구하는 민주적 개혁과 민족주권의 원칙하에 제국의 연방화는 선택지가 될 수 없었다.[27]

1848년 혁명은 '오스트리아 연방'이란 꿈에 지나지 않음을 확인시켜준 뼈아픈 사건이 되었다. 아래로부터의 지지도, 외부로부터의 지원도 없이 진행된 중동부 유럽의 민족운동은 여러모로 역부족이었다.

중동부 유럽의 민족 봉기는 1848년 2월 말 급진적 민족주의 성향의 학생들이 부다페스트의 거리로 쏟아져 나오면서 시작되었다. 3월 헝가리 의회는 헝가리 민족국가 수립을 위한 법률을 제정하고, 이를 제국 의회에 제출하고자 했다. 곧이어 체코 대표단도 자치권 회복을 골자로 하는 요구 사항을 제국 정부에 제시했다.

합스부르크 제국은 처음에는 타협할 듯한 의향을 보였다. 합스부르크 제국은 민족주의자들의 요구대로 3월에 메테르니히 총리를 사임시키고, 4월에 민주적인 헌법 채택 등 일련의 타협책을 약속했다.[28]

그러나 6월에 프라하 시내 중심가에서 시위대와 제국 군인들 간에 벌어진 충돌을 계기로, 합스부르크 정부는 무력진압 정책으로 돌아섰다. 프라하에서 평화적인 시위에 참여한 일단의 학생들이 성당에서 미사를 본 후 거리로 나오다 순찰 중이던 군인들과 몸싸움을 벌이는 사건이 발생했다. 제국 군대는 프라하 시내 중심가에서 몇 시간 동안 포 공격을 퍼부으며 과잉 대응으로 일관했다. 그 후 제국 정부는 강경 일변도로 선회하여 계엄령을 선포했다. 제국 정부는 관련자들을 색출하며 최소한의 자치권 부여

논의조차 거부했다. 일단 프라하를 진압한 합스부르크 제국은 9월에는 헝가리와 전면전에 들어갔다.

헝가리 혁명의 지도자 러요시는 곧 17만 명의 헝가리 군대를 창설하여 방어에 나섰다. 1849년 4월에는 헝가리 공화국의 수립을 선포하고, 합스부르크 왕을 헝가리 왕위에서 폐위시켰다. 1년 반 동안 헝가리군은 5만 명의 희생자를 내며 치열하게 싸웠으나 1849년 9월 결국 항복하고 말았다. 이로써 체코에 이어 헝가리에서도 1848년 혁명은 실패로 끝났다.

무력진압 외에도 합스부르크 제국은 피지배 민족들 사이를 갈라놓는 분열책을 썼다. 합스부르크 제국은 이미 1846년 폴란드 귀족 봉기 진압 때 귀족과 농민 사이를 갈라놓는 대응책을 쓴 적이 있었다. 혁명 2년 전 폴란드의 크라쿠프(3국 분할에서 합스부르크 관할 지역)에서 일단의 폴란드 귀족들이 봉기를 일으켰다. 그러나 귀족의 학정에 시달려온 가난한 농민들은 귀족 편에 서서 함께 싸우기는커녕 귀족 봉기에 반대하는 봉기를 일으켰고, 지주들과 영

지 관리인들을 잔혹하게 학살했다.[29]

이에 대한 합스부르크 군대의 대응은 미흡한 것이어서, 폴란드 귀족들의 기를 누르기 위해 일부러 늦게 개입했다는 의심을 샀다. 합스부르크 제국은 무력으로 진압하는 한편, 농업개혁과 선거개혁 같은 약속을 함으로써, 농민들을 귀족들에게서 떼어놓았다.[30] 이로써 1846년 귀족 봉기는 패배로 끝났으며, 그 쓰라린 기억 때문에 폴란드 귀족들은 2년 뒤 혁명에는 별다른 움직임을 보이지 않았다.

합스부르크 제국은 1848년 헝가리 진압에도 같은 분열책을 활용했다. 합스부르크 제국은 민족운동에 참가하는 다양한 사회집단의 요구를 들어줌으로써 이들을 귀족 지도부로부터 떼어놓았다. 합스부르크 제국은 자유주의자들의 불만은 선거권 확대 약속으로 누그러뜨렸으며, 5만 5000명의 영주가 소유하고 있던 250만 명의 농노들을 해방시켜 농민들의 환심을 샀다.

또한 제국 정부는 하층민들의 실업 문제를 해결하기 위해 대량 토건사업(빈에서부터 트리에스테를 연결하는 최초의 산악 관통 철도)을 시작했다.[31] 합스부르크 제국의 타협책은 아직은 대중적 민족주의가 뿌리내리지 않은 중동부 유럽에서 사회집단들을 분열시키는 효과를 거두었다.

합스부르크 제국이 이간질한 것은 귀족과 농민 사이만이 아니었다. 합스부르크는 다수민족과 소수민족 사이도 갈라놓았다. 헝가리는 합스부르크 제국 내에서 독특한 지위를 지니고 있었다. 1711년 이후 헝가리는 합스부르크 제국의 주니어 파트너로 승격했다. 스페인 왕위 계승 전쟁(1701~1714)이 발발한 틈을 이용하여 독립을 꾀한 헝가리에 대한 무마책으로, 헝가리에 자치주(comitat) 지위를 인정해주었다.

이에 따라 헝가리는 자신이 통치하게 된 제국의 동부 반쪽(서부 반쪽은 합스부르크 왕가가 통치) 안에서는 독립적 자치 권력을 행사하며, 크로아티아, 루마니아, 슬로바키아 민족을 지배했다.[32] 선민의식을 갖고 있던 헝가리 귀족들은 소수민족이 된 크로아티아, 슬로바키아, 루마니아(트란실바니아)인을 차별했다.

헝가리 귀족의 선민의식은 이들 소수민족의 저항의식을 자극했다. 헝가리는 합스부르크 제국으로부터 완전 독립을 요구하는 처지였지만, 정작 자민족의 지배를 받는 피지배 민족들에 대해서는 모국어 사용 같은 기본권조차 인정해주지 않았다.

1840년 헝가리 의회는 헝가리 왕국의 공식어로 헝가리어(마자르어)를 선포했다. 헝가리 민족은 제국의 헝가리 지배 영역에서는 지배 민족을 형성했지만, 수적으로는 전체 인구의 37퍼센트밖에 되지 않았다. 당연히 비헝가리 민족 출신 구성원들은 반발했다. 1844년 헝가리어가 공식어로 공표되자, 헝가리 귀족들은 국가 공직을 거의 독점할 수 있게 되었다.

그러자 이에 대한 반발로 1847년 크로아티아 의회는 크로아티아어를 공식 언어로 선포했다. 크로아티아 민족운동을 이끈 가이(Ljudevit Gaj)의 선언은 크로아티아의 반헝가리 정서를 잘 보여준다.

단결하여 하나가 되자! 영웅으로 태어났다, 깃발을 펼치고 칼을 차라. (……) 야만적인 타타르 민족인 마자르(헝가리인)들이 어떻게 우리의 민족어와 우리 민족을 유린했는지 잘 보라. 그러나 그들이 우리를 짓밟기 전에 우리가 그들을 지옥의 구덩이로 던져버리리라. (……) 우리의 명예를 적의 피로 깨끗이 씻으라. 그들의 해골을 각각 쪼개 우리의 고통이 그 끝에 이르게 하라![33]

공격적인 헝가리 민족주의는 결과적으로 헝가리의 든든한 지원군이 될 수도 있었을 크로아티아 귀족들을 돌아서게 했다. 크로아티아 귀족은 여태까지 자신들의 특권을 지키기 위해서라도 헝가리 귀족과 연합하는 정책을 펴왔다. 그래야 위로부터는 합스부르크 제국의 중앙집권화 시도를 막아낼 수 있고, 아래로부터는 농민들의 반란을 막을 수 있다는 전략적 계산에 따른 것이었다. 그러나 공격적인 '헝가리화' 정책은 크로아티아 귀족들을 헝가리로부터 떼어내어 합스부르크 제국 편을 들게 만들었다.[34]

1848~1849년 헝가리 민족혁명이 전개되는 동안 크로아티아의 옐라치치(Josip Jelačić) 장군이 이끄는 크로아티아 군대는 헝가리 봉기 진압에 적극 참여했다. 합스부르크 제국은 크로아티아를 끌어들여 헝가리의 민족혁명 진압에 일익을 담당하게 했다.[35]

또한 헝가리 지배를 받는 다른 피지배 민족들도 헝가리 혁명에 반대하는 반란을 일으켰다. 이로써 사면초가에 몰린 헝가리의 1848년 혁명은 무위로 끝이 났다.

결론적으로 중동부 유럽에서 독립은 대내외적으로 시기상조였다. 합스부르크 제국이 아직은 굳건한 상황에서, 헝가리나 체코가 외세의 지원 없이 1848년 혁명을 성공시키기에는 역부족이었다. 더구나 헝가리 민족운동은 헝가리 사회 내에서도 사분오열되어 대중의 지지를 받지 못했으며, 헝가리 자치주(comitat)의 피지배 민족들의 연대나 지지도 끌어들이지 못하는 상황이었다.

귀족과 소수 엘리트에 국한된 운동의 지지기반이 대중적으로 확대하기 위해서는 더 많은 시간과 노력이 필요했다. 1848년 혁명 실패 후에도 19세기 말까지 몇 차례에 걸쳐 대중봉기가 더 일어났다. 그러나 중동부 유럽의 피지배 민족은 합스부르크 제국이 해체되는 1919년이 되어서야 비로소 오랜 독립의 열망을 실현할 수 있었다.

4. 제국 지배의 유산과 민족국가

—

문명의 교차로에 위치하여 다민족·다종교·다문화·다언어의 공간으로 발전해온 동유럽에 민족국가 수립은 또 다른 험로의 시작을 의미했다. 제국과의 종속적 지배관계를 끝낸다 해도, 자민족과 타민족의 경계 짓기를 근간으로 하는 민족국가 건설은 폭력적인 도정이었다.

특히 민족주의가 잉태할 수밖에 없는 배타성과 폐쇄성의 문제는 심각했다. 롱워스(Philip Longworth)의 말대로 동유럽 민족주의는 자기 민족의 사랑만큼이나 다른 민족에 대한 증오도 가르쳐주었기 때문이다.[36] 자민족에 대한 사랑과 동시에 자민족 집단이 아닌 다른 집단의 사람들과 대적하고 증오하게 만들었다. 아울러 불행한 사건이나 실패의 원인을 모두 다른 민족의 책임으로 돌리는 문화가 형성되게 만들었다.

또한 다양성의 동유럽 사회에 민족주의는 동일성을 바

탕으로 한 집단성의 사고를 심어줌으로써, 자민족에 대해서는 과도한 찬사를 보내고 타민족을 증오하는 제노포비아를 촉발했다. 그 과정을 통해 사회 기저에 존재하던 다양한 기류의 문화들은 민족국가의 민족적 의상, 구호, 상징으로 축소되었다. 이런 축소적 환원을 통해 다종교·다문화·다민족의 동유럽에 전통적으로 나타났던 코스모폴리탄주의와 관용의 정신은 협소하고 편협한 민족문화로 축소되었다.

또한 삶의 주체가 개인이 아닌 집단으로 상정됨에 따라, 개인의 권리 획득이 아닌 민족해방이 궁극적인 목적인 것처럼 받아들여지게 되었다. 실제 19세기 이후 발칸 유럽과 20세기 동유럽에서 전개된 민족국가 수립의 양상은 이런 위험성을 그대로 노정하는 과정이었다.

그러나 이러한 민족주의 배타성, 편협성, 제노포비아적 성격은 동유럽의 민족주의가 갖는 특수한 문제라기보나는 민족주의 자체에 내재된 보편적 문제일 것이다. 일단 민족주의가 동원된 상태에서 위의 문제점들을 노정시키지 않는 민족주의 선례가 역사적으로 몇이나 있을까? 그러므로 동유럽의 종족 민족주의라는 측면을 지나치게 강조할 필요는 없을 것이다.

그동안 동유럽 민족주의를 다루는 연구들은 주로 종족적 민족주의(ethnic nationalism)가 정치 발전의 걸림돌이 되었다는 입장이다. 이는 동유럽이 혈연·언어 같은 배타적 기준을 근간으로 정치가 운영됨에 따라, 종족적 민족주의가 번성하고 시민사회가 발전하지 못해 정치가 후진성을 면치 못했다는 관점이다.[37]

반면 서유럽은 '시민적 민족주의(civic nationalism)'를 채택하여, 민주주의가 발전할 수 있었다는 주장이다. 이는 앤서니 스미스(Anthony Smith)의 민족 상징론이 제시된 이후 구시대적 민족주의 이분법으로 간주되고 있으나,[38] 그럼에도 동유럽 연구에서는 여전히 그 영향력이 강하게 남아 있다.

스미스가 밝혔듯이, 지구상 어떤 민족주의도 일방적으로 종족적이거나 시민적이지는 않으며, 두 가지 측면을 모두 가지고 있다. 단지 처한 상황과 조건에 따라, 각기 다른 측면이 좀 더 두드러져 나타날 뿐이라 하겠다. 동유럽 민족주의라고 해서 모든 것이 종족적 민족주의로 귀결되기만 한 것은 아니었다. 정치적 발전이라는 것은, 동유럽처럼 침략 전쟁이 빈번해 정세가 끊임없이 요동치고 급변하는 상황에서 달성하기는 힘들다. 안정된 상황에서 정치적 주도권을 잡고 필요한 것을 개혁해나가야 이룩할 수 있는 것이 정치적 발전이다.[39]

그러나 동유럽처럼 한 세기 내내 전쟁이 빈번하게 발생하고, 심한 경우 한 마을이 통째로 이주해야 할 정도로 요동치는 정세 속에서 안정된 정치 발전을 이루고 민주주의 토양을 굳건히 다지기는 힘들다. 동유럽 사람들은 정치 발전은 고사하고 생존권을 지키기 위해 피 터지게 싸워야 했다.

이런 긴박한 사건들로 역사가 점철된 동유럽에 후진성의 낙인을 찍는 것은, '핍박의 역사'를 경험하지 못한 서구 사람들의 무지에 찬 오만으로밖에 비치지 않는다. 정치적 발전, 특히 서구 학자들이 강조하는 국민국가 건설과 시민사회 형성은, 전쟁의 위협과 공포가 없는 안정된 환경이 오랜 기간 지속될 때 비로소 가능해지는 변화다. 그러나 '사이에 끼인' 동유럽의 역사에서 그런 태평성대는 거의 존재하지 않았다.

이 점에 대해, 그리스 출신의 역사학자 마크 마조워 (Mark Mazower)는 정치적·경제적 후진성이라는 특징으로 상대적 빈곤이나 민족 폭력의 역사를 설명하기는 힘들다고 주장한다.[40] 후진성만으로는 20세기 발칸 정치의 상수처럼 여겨지는 민족 갈등이 왜 수 세기 동안 없다가, 지난 1~2세기에 느닷없이 정치적 쟁점이 되었는지를 설명할 수 없다고 본다. 발칸 혹은 동유럽의 정치적 후진성이 문제라면, 꼭 그것이 20세기만의 문제는 아닌데도 말이다.

발칸 문제는 종교적 분열, 뿌리 깊은 농촌성, 민족 갈등과 같은 고질적 현상에도 원인이 있지만, 그에 못지않게 대중정치, 도시적이고 산업적인 삶, 새로운 국가 구조 등장, 읽고 쓰기 및 기술 보급 등 근대 국민국가 창출과 관련이 있다는 것이다.

이런 의미에서 마조워가 지적한 대로 민족주의는 동유럽 사람들에겐 '양날의 칼'과 같은 치명적 무기였다. 민족주의는 민족 단합과 통일이라는 긍정적인 면과, 배타적·폐쇄적 정체성의 강화라는 부정적 측면을 동시에 가진다.

민족주의는 동유럽 사람들로 하여금 자신이 속한 민족 집단을 규정할 새로운 틀을 제공해주는 동시에, 그들 자신을 파괴할 수 있는 이데올로기적 무기도 함께 제공했다.[41] 민족주의를 통해 이룩하고자 하는 '민족국가' 수립이라는 목표는 자국 영토라 인식되는 공간에 사는 다른 민족에게는 '동화'나 '절멸'을 의미하기 때문이다.

수 세기 동안 여러 민족이 섞여 살던 공간에서 특정 민족이 특정 공간을 자신들의 영토라고 주장하게 되면, 그곳에서 살던 다른 민족 사람들은 여태까지 동고동락하던 이웃이 아니라 남의 땅을 침범한 이민족으로 간주되고, 그렇게 되면 죽임을 당하거나 추방되는 등의 '청소'를 당하게 된다.

동유럽 맥락에서는 그런 비극적 민족청소가 행해져야 비로소 가능해지는 목표가 민족국가 수립이었다. 일단 민족주의가 발동되면 개개인은 자신이 속한 민족 구성원의 일부로 간주되기 때문에, 집단 보복의 표적이 될 수밖에 없었다.[42]

실제로 20세기 민족주의 동원 이후 동유럽에서는 여러 차례에 걸쳐 이러한 공포가 현실로 나타났다. 20세기 초 발칸 전쟁(1912, 1913)을 필두로 1차, 2차 세계대전 등을 거치면서 이러한 두려움과 공포가 현실로 바뀌는 것을 수없이 목격했다. 그러므로 '민족자결주의'가 행사되는 자민족만의 영토가 확보돼야 생명과 안전이 보장될 수 있다는 믿음에 더욱 집착할 수밖에 없게 되었다.

이런 역사적 경험과 거기에서 파생된 감정을 고려하지 않고, 그저 정치 민주주의의 미성숙이라고 재단한다면, 그것은 독선적인 판단이지 냉철한 역사적 이해와 분석은 아닐 것이다. 이런 점에서 본다면 선진적 서유럽, 후진적 동유럽이라는 이분법의 연장선상에 있는 시민 민족주의 대 종족 민족주의라는 이분법은 발칸과 중동부 유럽의 복잡한 현상을 제대로 비추기엔 협소한 거울이다.

3장

혼돈의 첫 번째 민족국가 건설과
'3중'의 2차 세계대전(1919~1944)

1. 1차 세계대전 종전과 무기력한 독립

1차 세계대전을 기점으로 동유럽을 지배했던 3대 제국은 모두 역사의 무대 뒤로 사라졌다. 발칸을 400년 넘게 지배했던 오스만 제국은 20세기 초가 되면 발칸에서 완전히 물러났고, 1923년에 해체되어 민족국가 터키로 탈바꿈했다. 러시아 제국은 19세기 유럽의 강자로 빠르게 부상했으나, 1917년 볼셰비키 혁명으로 해체되었다. 합스부르크 제국은 1차 세계대전에 독일과 함께 동맹국의 일원으로 참전했다가 패망하여, 역시 민족국가 오스트리아로 축소되었다.

동유럽을 지배했던 3대 제국의 잔해 위에서 폴란드, 체코슬로바키아, 헝가리, 유고슬라비아가 새로이 들어섰다.

폴란드는 172년간의 3국 분할 시대를 뒤로하고 독립의 기쁨을 맞이했다. 헝가리는 합스부르크 제국의 주니어 파트너에서 홀로 서게 되었다. 체코 민족은 독립을 성취했을 뿐만 아니라, 슬로바키아 민족과 함께 체코슬로바키아라는 공동 국가를 세웠다. 유고슬라비아도 역사상 처음으로 수립되었다. 19세기에 먼저 독립한 세르비아는, 합스부르크 제국으로부터 독립한 크로아티아, 슬로베니아와 함께 '남슬라브인들'의 공동 국가 유고슬라비아를 수립했다[남(Jug) + 슬라비아(Slavia: 슬라브인들의 땅)]. 이로써 1878년 이미 독립을 달성했던 루마니아, 불가리아와 1913년에 독립한 알바니아까지 포함하여, 동유럽에는 7개국의 독립국가가 수립되었다.

민족 독립을 맞이하여, 체코슬로바키아의 초대 대통령 마사리크는 "작은 민족들의 승리"라며 기쁨을 표했다.[1] 그러나 동유럽 "작은 민족들"의 독립은 지극히 무기력한 독립이었지, 영광의 승리는 아니었다. "작은 민족들"이 독립을 위해 오랜 투쟁을 벌여온 것은 사실이나, 연합국의 '힘의 정치(power politics)'가 아니었더라면 독립의 꿈을 이루지 못했을 것이기 때문이다. 동유럽의 "작은 민족들"의 염원보다는 승전국의 정치적 이해관계가 고려된 평화체제가 베르사유 협정이었던 것이다. 그러므로 베르사유 협정이 이룩한 평화는 열강의 힘에 의해 강제된 평화(dictated peace)이자 강제된 독립(dictated independence)이었고, 그로 인해 파생된 문제는 두고두고 동유럽 민족들의 발목을 잡았다.

1차 세계대전이 종식되던 1918년 초까지만 해도 연합국은 합스부르크 제국을 해체시킬 의향이 없었다.[2] 연합국은 전통적인 5두 열강체제(합스부르크 제국, 영국, 프랑스, 독일, 러시아)를 유럽 질서의 토대로 계속 삼고자 했다. 전쟁의 마지막 해가 되도록 연합국 열강들은 합스부르크 제국을 국가연합(confederation)으로 재구성하는 방안을 논의 중이었고, 동유럽 피지배 민족들의 독립은 안중에도 없었다.[3]

하지만 전쟁 막바지에 이르자 연합국은 합스부르크 제국 해체 쪽으로 마음을 바꾸었다. 연합국은 동맹국 진영의 가장 약한 연결고리인 합스부르크 제국의 피지배 민족들을 독립시킬 경우 동맹국의 패배를 앞당길 수 있을 것

으로 판단했다.[4]

또한 프랑스의 클레망소 총리는 독립 후 동유럽의 신생
국들이 독일과 러시아에 대항하는 방역선(cordon sanitaire)
을 쳐준다면, 열강들은 별 힘을 들이지 않고도 전후 독일
의 재부상과 러시아 사회주의 혁명의 확산을 동시에 차단
할 수 있을 것으로 기대했다.[5]

이렇게 해서 합스부르크 제국의 피지배 민족들의 독립
은, 연합국 열강들에 의해 독일과 러시아에 대한 집단 방
어체제 전략으로서 실행되었다.

2. 베르사유 협정의 결함과 만성적 민족 갈등

—

연합국 열강의 전략적인 계산에 따라, 1919년 6월 28일 베르사유 궁전 거울의 방에서 베르사유 협정이 체결되었다. 이로써 7개 신생 민족국가가 동유럽에서 탄생했다. 그러나 7개 독립국의 탄생을 모든 동유럽 사람들이 환영한 것은 아니었다. 왜냐하면 동유럽 전체 인구 9000만 명 중 6500만 명이 독립의 기쁨을 누렸으나, 나머지 2500만 명은 좌절을 맛보았기 때문이다. 2500만 명의 동유럽 사람들이 독립하지 못한 것은 베르사유 협정이 잘못되었기 때문만은 아니며 동유럽 고유의 지역적 특성에서 기인하는 바이기도 했다.

동유럽은 '민족의 모자이크 전시장'이라 불릴 정도로 민족 분포가 복잡한 지역이다. 그렇게 복잡한 지역에 민족자결주의 원칙을 모두에게 적용시키기는 애초에 불가능해 보였다. 국경선을 어떤 방식으로 나누든 그 경계선 안에는 배제되고 고립된 소수민족 집단이 마치 외딴섬(ethnic enclave)처럼 여기저기 존재하기 마련이었다.

2장에서도 살펴보았다시피, 동유럽에서는 외세의 잦은 침입에 따른 국경선 변화와 강제이주, 피난 등의 이유로 한 지역에 한 민족만 사는 것이 아니라 여러 민족이 오랜 세월 섞여 살았다. 그러므로 민족의 모자이크 전시장 같은 동유럽을 모든 민족이 수긍할 수 있는 민족국가로 나누는 것은 불가능에 가까운 목표였다. 결과적으로 특정 민족의 민족자결권 행사는 다른 민족의 민족자결권을 침해하게 되는 여건이었다.

그러나 베르사유 협정을 기획하고 집행한 열강들 또한 가뜩이나 복잡한 동유럽의 민족 문제를 더욱 악화시킨 데 대한 책임을 피할 수는 없다. 연합국 열강들의 자의적이고도 편파적인 행태는 동유럽 작은 민족들의 민족 갈등을 더욱 부추겼을 뿐만 아니라 이를 아예 구조적으로 고착화하는 부정적 효과를 낳았다. 베르사유 협정의 기획부터 실행까지 전권을 갖고 있던 연합국은 자국의 이해관계에 유리한 민족에게만 민족자결권을 부여하고, 이들에게 유리하게 국경선을 확정했다.

반면 연합국과 특별한 이해관계가 없는 민족에게는 민족자결권을 인정해주지 않거나, 영토를 축소시키는 등 차별대우를 했다.

요컨대 베르사유 협정에 의해 같은 피지배 민족임에도 민족자결권을 부여받은 '승자 민족'과 부여받지 못한 '패자 민족'으로 나뉜 것이다. 한 국가 안에서 '승자 민족'은 민족국가 건설의 주도권을 쥐고 주인 행세를 하고, 이웃 국가를 희생양 삼아 영토를 확장시킬 수 있게 되었다.

반면 민족자결권을 거부당한 '패자 민족'은, 한 국가 안에서는 다수민족을 위해 2등 민족이 되고, 이웃 승자 국가를 위해 영토를 축소당하는 수모를 당해야 했다.

그리스 출신의 역사학자 마조워는 동유럽 피지배 민족들의 오랜 독립 염원을 고려할 때, 민족자결주의를 원칙으로 천명한 베르사유 협정은 시대적 당위라는 입장이다.[6] 마조워는 현실적으로 베르사유 협정은 유일한 대안으로,

독일에서 부상한 파시즘과 러시아에서 부상한 볼셰비즘 어느 것도 동유럽 민족 문제에 대한 해결책은 되지 못했음을 지적한다.

냉전시대 동유럽 연구의 선구자라 할 수 있는 세튼-왓슨(Hugh Seton-Watson)은 동유럽 민족 분포에 가장 근접하게 독립국가 간 경계선이 구획되었다는 점에서 베르사유 협정의 순기능을 강조하기도 했다.[7]

그러나 베르사유 협정이 동유럽에 끼친 폐해는 분명히 짚고 넘어가야 할 것이다. 동유럽 민족들이 '승자 민족'과 '패자 민족'으로 나뉨에 따라, 베르사유 협정의 두 가지 목적, 민주주의와 지역 안보는 출발부터 난관에 봉착했다. 각 신생국마다 '승자 민족'과 그렇지 못한 다수의 '패자 민족' 간의 충돌과 갈등으로, 민족통합 국가 건설은 시간이 흐를수록 요원한 목표가 되었다.

새로운 국가의 주인 행세를 하고자 하는 '승자 민족'과 민족 자치권을 바라는 '패자 민족' 간의 갈등은 전간기 내내 지속되어, 정치 발전에 걸림돌이 되었다. 즉 다민족국가를 구성하는 여러 민족들은 하나의 단일한 공동체로 통합되기보다는 핵심 민족은 핵심 민족대로, 소수민족은 소수민족대로 뭉쳤다.

베르사유 협정은 원래 존재하던 민족 간 구분선에 따른 갈등을 제도적으로 고착화하는 판을 깔아주었다. 베르사유 협정에 의해 수립된 전후 체제는 동유럽 정치가 그 정통성을 민족자결주의에 두도록 했다. 민족자결주의는 모든 민족은 자민족 국가를 수립할 권리가 있다는 원칙이다. 그러나 민족자결주의를 원칙으로 세웠음에도 불구하고, 그 원칙에 어긋나는 다민족국가를 부여함으로써, 이상과 현실이 어긋나는 정치 환경이 제도적으로 만들어졌다.

이에 따라 동유럽 각국의 정치는 주어진 민족국가의 통합을 추진하고자 하는 다수민족과 이를 거부하는 소수민족 간의 갈등으로 북새통이 되었다. 소수민족은 민족자결주의를 최대한 발휘하여 자치권을 확보하거나 분리 독립을 쟁취할 기회를 엿보고 있었다.

이는 20세기 동유럽 정치가 만성적이면서도 지속적인

민족 갈등으로 들끓게 되는 주요 요인이 되었다. 그런 면에서 동유럽의 정치 난맥상과 혼란에 서구도 일정 부분 책임이 있음에도, 주류 연구들이 문제의 원인을 동유럽의 후진성 탓으로만 돌리는 것은 책임 회피라고 볼 수밖에 없다.

3. 먹구름 드리운 출발

영토 분쟁

1918년, 1차 세계대전은 종전됐지만 동유럽에 평화가 찾아온 것은 아니었다. 종전협정을 체결하기도 전에 영토 분쟁이 시작되었다. 서유럽에서는 1918년 11월 10일을 기해 1차 세계대전이 끝났지만, 동유럽이 위치한 동부전선에서는 1918년 말부터 1920년대 초까지 새로운 전투가 시작되었다.

베르사유 협정에 따라 같은 신생국이라도 체코, 폴란드, 세르비아, 루마니아는 영토 확장의 기쁨을 맛보는 '승자 민족'이 되었고, 반면 헝가리와 불가리아는 영토 축소를 당한 '패자 민족'이 되었다. 독일 편에서 참전한 것에 대한 징벌로서, 헝가리와 불가리아의 영토 축소를 담보로 체코, 폴란드, 세르비아, 루마니아의 영토가 확장된 것이었다. 다 같이 합스부르크 제국 편에서 싸웠음에도 체코, 폴

란드는 승자가 된 반면, 헝가리만 패전국 처벌을 받은 이
상한 결정이었다.[8]

1920년 6월 트리아농 조약을 통해 헝가리는 전체 영토
의 71퍼센트, 헝가리 인구의 32퍼센트를 상실하는 수모를
겪게 되었다. 600만 명의 헝가리인은 헝가리에 거주하는
반면, 300만 명의 헝가리인은 주변국에 소수민족으로 흩
어져 살게 되었다(루마니아 175만 명 , 체코슬로바키아 75만 명,
유고슬라비아 50만명).

전쟁을 주도한 독일이 베르사유 협정을 통해 영토의 10
퍼센트, 인구의 13퍼센트를 상실한 것에 비하면, 헝가리의
손실은 실로 엄청나게 가혹한 것이었다. 불가리아는 1919
년 11월에 체결된 뇌이 조약(Treaty of Neuilly)을 통해 마케
도니아, 서부 트라키아와 남부 도브루자를 잃었다.

영토 축소에 불만을 품은 헝가리는 주변 4개 접경국, 체
코슬로바키아, 루마니아, 세르비아, 오스트리아 모두와 싸
움을 벌였다. 헝가리와 루마니아 간의 갈등은 1919년 8월
루마니아 군대의 헝가리 수도 점령으로 이어졌다.[9] 루마

니아는 헝가리의 남동쪽 접경국으로, 헝가리의 희생을 담보로 서쪽 국경선을 대폭 확장했다. 그럼에도 확장된 서쪽 국경선을 연결할 철도망을 구축해야 한다며, 헝가리와의 접경지역 주요 거점들(트란실바니아, 아라드, 티미소아라, 사투마레)의 할양을 다시 요구하고 나섰다. 헝가리는 전쟁을 불사해서라도 루마니아의 요구를 받아들이지 않으려 했다. 그러자 루마니아는 전격적으로 군대를 보내 헝가리 수도 부다페스트를 점령해버렸다.

이 분쟁에서 루마니아 편을 들어준 연합국은 무력 투입을 경고하며 헝가리를 압박했고, 결국 헝가리는 마지못해 물러났다.

또한 헝가리는 남쪽 접경국 세르비아(유고슬라비아)와도 국경 분쟁을 치렀다. 세르비아는 헝가리 남단의 보이보디나 지역을 요구했다. 보이보디나 지역이 세르비아 수도 베오그라드에서 가깝기 때문에 세르비아가 북쪽 국경선을 안전하게 확보하는 데 필요하다는 명분이었다.

그러나 이 지역 인구의 절대다수가 헝가리인이었고 오

랜 세월 헝가리 영토였음을 감안한다면, 세르비아의 요구는 무리한 것이었다. 그럼에도 연합국의 비호 아래 세르비아는 무력을 동원하여 자신들의 요구를 관철시켰다.

헝가리 이외 다른 국가들도 국경 분쟁을 치렀다. 1918~1920년에는 폴란드와 소련의 국경지역(갈리치아)에서 폴란드와 소련군 사이에 전투가 벌어졌다. 러시아 내전이 끝나자, 폴란드가 서부 우크라이나와 벨라루스에 대한 영유권을 놓고 러시아와 전쟁을 벌인 것이다. 1920년 폴란드 군대는 그때까지 러시아의 지배를 받고 있던 우크라이나로 진격했다. 이에 대한 보복으로 레닌은 바르샤바를 공격했지만, 폴란드군은 바르샤바 전투에서 러시아 군대를 패퇴시키고 원하는 바대로 러시아와의 국경선을 확장시켰다. 연합국의 지원이 있었기에 가능한 결과였다.

루마니아와 우크라이나의 접경지역에 있던 부코비나(Bukovina)에서는 루마니아 군대와 우크라이나 군대 간에 전투가 벌어졌다. 슬로베니아와 오스트리아 군대도 알프스 지역에서 서로 싸웠으며, 체코와 폴란드는 테셴을 놓고 충돌했다. 체코의 독일계 민족 밀집지역인 수데텐란트에서는 독일계 민족들이 체코슬로바키아에서 소수민족으로 사느니 오스트리아와 합치겠다고 공개적으로 선언했다. 그러자 체코 군대가 144명의 독일계 민간인을 사살하는 사건이 벌어졌다.

국경 분쟁의 앙금은 종전 후에도 계속 남아, 연합국이 구상했던 전후 동유럽 지역 안보체제는 제대로 시도조차 되지 못했다. 가뜩이나 민족국가 건설 추진으로 국가 간 경쟁과 긴장이 고조되는 분위기에서, '영토 확장국'과 '영토 축소국' 간의 대립과 갈등은 공동 안보체제 구축에 먹구름을 드리울 수밖에 없었다. 영토 축소를 당한 국가들은 패배와 굴욕을 애써 뒤로하면서까지 '영토 확장국'과 손잡으려 하지 않았고, 영토 확장국은 그들대로 축소국을 경계하여 협조관계를 맺고 싶어하지 않았다.

'승자 민족'들은 자기들만의 이해관계를 도모하려 들었던 바, 1920~1921년 체코슬로바키아, 유고슬라비아, 루마니아는 헝가리의 영토 수정주의를 미연에 방지할 목적으로 '소협상 동맹(Little Entente)'을 체결했다.

1934년에는 그리스, 터키, 루마니아, 유고슬라비아가 발칸 협상(Balkan Entente)을 결성하여 '패자 민족' 불가리아의 영토 회복주의를 견제하고자 했다.

마사리크가 구상했던 동유럽 이웃국가들 간의 공조관계는 요원한 꿈으로만 남게 되었다.

서로 다른 입장을 가진 민족들의 공동 국가

대내적으로도 동유럽 신생국가들의 시작은 출발부터 순조롭지 못했다. 차별적인 베르사유 협정은 동유럽 국가 간 관계뿐만 아니라 국내 정치 발전에도 걸림돌이 되었다. 동유럽 국가들은 합스부르크 제국이나 오스만 제국에서 독립되었다고는 하나 독립 후에도 제국 시대처럼 여전히 다민족국가였다. 이들 제국은 19세기 민족주의 부상 이후 불거져 나온 민족 갈등에 대한 해결책을 제시하지 못한 채 붕괴했다.[10] 이를 감안한다면 동유럽 신생국들이 다민족국가로 수립된 것은 정치 발전에 엄청난 부담을 지우는 것이었다.

다민족국가란 '민족과 국가 간 경계가 일치하지 않는' 상당수의 민족이 독립의 꿈을 접어둔 채 같은 국경선 안에서 살아가고 있다는 것이다. 동유럽 7개국은 명색은 민족국가라고 하지만, 어느 국가든 전체 인구의 3분의 1 이상을 차지하는 6~9개의 타민족이 존재했다(헝가리와 불가리아는 인구의 10분의 1).

대표적인 다민족국가인 체코슬로바키아와 유고슬라비아에서는 제1민족조차 수적으로는 소수를 차지했다. 체코슬로바키아의 경우 체코인이 600만 명인 반면 소수민족은 800만 명에 이르렀다(슬로바키아인 300만 명, 독일계 민족 325만 명, 우크라이나인 100만 명, 헝가리인 75만 명).[11]

유고슬라비아에서는 제1민족인 세르비아인이 전체 인구의 41퍼센트로 과반수에 미치지 못했다. 또한 세르비아, 크로아티아, 슬로베니아 3개 주류 민족 외에도, 15개 소수민족(인구의 15퍼센트)이 함께 살게 되었다. 이들 소수민족은 민족자결권이 거부된 채 타민족이 주인 노릇을 하는 남의 나라에 얹혀사는 꼴이었다.

민족자결주의가 시대정신으로 표상되었던 20세기, 개별적인 민족의식과 정체성을 가진 여러 민족이 한 지붕 아래 살게 되는 다민족국가의 구조는 동유럽의 정치 발전을 저해하는 근본적인 위협 요인이었다.[12] 요컨대 베르사유 협정에 의해 합법화된 다민족국가는 그 안에서 만성적이고 지속적인 민족 갈등이 분출할 수밖에 없는 정치적 구조를 갖추고 있었다.

이런 정치적 여건에서 여러 민족들의 통합은 처음부터 난관에 부딪혔다. 1920년대 들어서면서 동유럽의 신생국들은 입헌민주제를 통한 통합 국가 건설에 본격적으로 나섰다. 1920년 체코슬로바키아, 1921년 폴란드와 유고슬라비아, 1923년 루마니아에서 프랑스 헌법을 모델로 한 헌법이 선포되었다.

그러나 헌법 제정에서부터 시작하여 한 단계씩 국가 건설의 과정을 밟아 올라갈 때마다 정치 지도자들은 서로 충돌했다. 이제 한 나라 국민으로 불리게 됐지만, 이들은 바로 얼마 전까지도 다른 나라, 다른 제국에서 살아왔다. 오랜 세월 다른 역사와 다른 제도를 가지고 살아온 다양한 민족 집단들의 가치관이나 사고방식, 지향하는 목표는 크게 달랐다. 국가 형태, 권력 분배, 경제 발전 전략, 예산 분배 같은 주요 국정 논의에서 다양한 민족 집단들이 합의점을 찾는 것은 쉽지 않았다. 무엇보다도 다수민족과 소수민족 간의 의견 차이가 너무 커서, 기본적인 국정 운영의 방향이 공유되지 않았다. 민족자결권을 부여받아 자민족 국가를 수립하게 된 다수민족은 주도권을 쥐고 빠르게 통합 민족국가 건설을 추진하고자 했다.

그러나 소수민족은 다수민족이 주도하는 민족 공동체로 통합되기보다는, 개별 공동체(ethnic community)로의 분리를 유지하며 자치권과 자민족의 이해관계를 최대한 확보하는 데 더 관심이 있었다.

민족통합의 어려움은 동유럽에서 가장 다민족적인 두 나라, 체코슬로바키아와 유고슬라비아에서 잘 드러났다.

체코 민족과 슬로바키아 민족은 서슬라브족이라는 공통의 연원과 9세기로 추정되는 대(大)모라바 공국(Velká Morava)에서 함께 살았던 경험을 근거로 통합했다.

그러나 슬로바키아는 906년 이후 1000년 동안 헝가리에 복속되었던 반면, 체코는 17세기 합스부르크 제국의 지배를 받을 때까지 독립국가를 유지했다. 1000년 넘게 떨어져 사는 세월 동안 두 민족은 서로 다른 역사적 경험을 쌓아왔다.

두 민족의 역사적 경험은 판이했다. 체코는 합스부르크 제국의 가장 큰 산업기지로, 유럽 10대 산업국에 속할 정도로 산업 강국이었다. 반면 슬로바키아는 전형적인 농업 국가였다. 체코는 주로 도시문화가 발달했다면, 슬로바키아는 전형적인 농업 국가였다.

두 민족의 외국 망명 지도자들이 공동 국가 수립을 추진했지만, 현실적으로 공유하는 경험은 거의 없어 토대가 빈약한 통일이었다. 실상 체코슬로바키아는 급조된 조립 국가였다. 1차 세계대전 종전 협상 과정에서 연합국 열강들이 작은 국가보다는 큰 국가가 지역 방어에 효과적이라는 전략적 판단을 내려서 몸집을 불린 것이었다.

체코와 슬로바이카는 독립 후 바로 충돌했다. 민족국가 건설의 주도권을 쥔 체코 지도자들은 중앙집권화된 강력한 국가를 건설하고자 한 반면, 슬로바키아 지도자들은 연방제와 자치권을 요구했다. 연방과 자치권은 체코 독립 추진 인사들이 원래 약속한 바이기도 했다. 1919년 5월 베네시 당시 외무부 장관은 '체코-슬로바키아 공화국을 스위스 같은 연방국가'로 만들겠다고 공언한 바 있었다.[13]

그러나 체코의 정치 엘리트들은 막상 국가가 수립되자 체코슬로바키아를 자신들의 독점적 소유물로 간주했고, 슬로바키아는 그저 따라와주기를 요구받았다. 슬로바키아는 체코의 독단과 독주를 거부하며 동등한 대우를 요구했다.

두 민족은 국가 형태에서 예산 분배, 제2외국어 선택, 국가 공휴일 제정, 화폐 도안에 이르기까지 서로 다른 입장을 드러내며 갈등했다.[14] 심지어 두 민족 정치인들은 국가 이름을 체코슬로바키아가 아닌 하이픈을 넣어 체코-슬로바키아로 쓰는 문제까지 놓고 싸웠다.

유고슬라비아도 체코슬로바키아처럼 급조된 조립 국가였다. 상황은 더 복잡했다. 연합국은 독일에 대항하기 위해서는 동유럽에 '생존력 있는 큰 나라'가 수립될 필요가 있다고 판단했다. 이에 따라 세르비아의 주도하에 크로아티아, 슬로베니아와 함께 남슬라브족의 공동 국가 수립을 추진했다.[15] 하지만 공동 국가에 참여하는 당사국들의 셈법은 각자 달랐다.

세르비아는 유고슬라비아라는 공동 국가를 수립하면 크로아티아, 보스니아, 몬테네그로 등지에 흩어져 사는 '세르비아 밖의 세르비아인'(Prečani, 세르비아 인구의 4분의 1)을 한 국가에 통합할 수 있다는 계산이었다. 반면 크로아티아는 이탈리아의 영토 위협(아드리아 해안도서와 이스트리아)을 방어하기 위해서는 유고슬라비아라는 더 큰 울타리가 필요하다고 판단했다.

이런 배경에서 1919년 '세르비아, 크로아티아, 슬로베니아 3왕국'이 수립되었고, 여기에 다시 3개 남슬라브 국가 (보스니아-헤르체고비나, 몬테네그로, 마케도니아)가 합류했다. 그러나 주요 민족만 해도 3개인 공동 국가의 수립은 만만 치 않은 목표였다. 남슬라브족이라는 같은 뿌리에서 출발 했지만, 6세기에 현재의 발칸반도로 이주해온 이후 1200 년 동안 각기 다른 국가를 이루어 살아왔다.

제도 통합을 하는 것부터 쉽지 않았다. 건국 후에도 상 당 기간 세르비아와 크로아티아는 별도의 정부를 통한 이 중 대표체제('베오그라드 정부'와 자그레브의 '민족협의회')를 유 지했다.[16] 유고슬라비아에는 4개의 서로 다른 헌법체계, 5 개의 화폐, 4개의 서로 다른 철도망 체제 그리고 3개의 은 행체계가 공존했다.

3국 분할 시대를 끝내고 재통일된 폴란드에서는 3국 분 할 후에 남은 독일·합스부르크·러시아 제국의 철도 체계 유산을 극복하고 하나의 단일한 철도제도로 통합하는 데 만도 상당한 노력이 필요했다.[17]

국정 목표에 대한 입장 차이도 컸다. 과반수는 안 되지만 그럼에도 제1민족인 세르비아 민족은 유고슬라비아를 전쟁에서 세운 무공에 대한 반대급부로 여겼다. 그러므로 세르비아는 자신들이 정국 운영의 독점권을 갖는 것이 당연하다는 입장이었다. 반면 크로아티아는 자신들이 동등하게 참여해서 세운 공동 국가이므로, 크로아티아 민족도 동등한 정국 운영 권한이 있다고 생각했다.

이 같은 근본적인 입장 차이로 인해 세르비아와 크로아티아는 출발부터 대립각을 세우며 충돌했다. 크로아티아 민족을 대표하던 '크로아티아 농민당' 지도자 스테판 라디치(Stjepan Radić)는 유고슬라비아 헌법 인준부터 거부하고 나서며 세르비아가 주도하는 정국에 태클을 걸었다. 그러자 세르비아는 1923년 선거에서 70석이나 획득한 크로아티아 농민당을 불법화하고 라디치를 투옥시키는 등 강압으로 맞대응했다.

동유럽 전역에서 정당은 민족통합이 아닌 민족 분열의 기제가 되었다. 체코슬로바키아에서는 같은 정당이 각 민족별로 수립되어 체코 사회민주당, 슬로바키아 사회민주당, 헝가리 사회민주당이 별도로 결성되었다.[18] 폴란드에서는 민족별로 폴란드 공산당, 유대인 공산당, 우크라이나 공산당, 벨라루스 공산당이 설립되었다.

이렇게 민족별로 정당이 세워지다 보니 폴란드에서는 총 100여 개의 정당이 난립했다. 정당의 난립으로 어느 정당도 충분한 의석수를 확보하지 못했다. 체코슬로바키아에서는 1920년 선거를 통해 총 17개당이 의회에 진출했지만, 가장 많은 득표를 한 사회민주노동자당조차 전체 의석의 4분의 1을 넘지 못했다.[19]

1922년 폴란드 선거에서는 총 18개 정당이 의회에 진입했는데, 득표율이 가장 높은 당이 28석(총 444석)을 차지하는 데 그쳤다. 정국은 군소 정당들의 연합으로 구성된 연립정부에 의해 운영되는바, 다수당의 주도가 없는 만큼 불안한 정국이 이어졌다. 조그만 자극에도 연립정부는 금세 무너져, 폴란드에서는 1922년부터 1926년 사이에만 정부가 열네 번 바뀌었고, 유고슬라비아에서는 10년 동안 정부가 스물네 번 교체되었다.

민족 갈등은 동유럽 정치를 더욱 극심한 혼돈으로 치닫게 했다. 1922년 폴란드에서는 가브리엘 나루토비치(Gabriel Narutowicz) 대통령이 선출된 지 5일 만에 민족극단주의자에 의해 살해되었다. 대통령이 다수민족이 아닌 소수민족의 지지를 받아 선출되었다는 이유에서였다. 그 후 정치적 혼란 속에서 1차 세계대전의 영웅 유제프 피우수트스키(Józef Piłsudski) 장군이 쿠데타를 일으켜 독재정권을 수립했다.

유고슬라비아에서는 1928년 크로아티아 농민당 당수가 의회에서 몬테네그로 의원에게 총격을 당한 후 그 후유증으로 사망했다. 그러자 1929년 1월 알렉산드르 왕은 크로아티아 농민당 당수 사건의 후유증을 줄이고자, 모든 정당활동을 금지하고 독재정을 선포했다.

1930년대가 되자 민주주의는 동유럽에서 사실상 그 정당성이나 효용성을 상실했고, 체코를 제외한 동유럽의 모든 나라에서 독재정이 들어섰다.

더욱 아쉬운 점은 일부 동유럽 국가에서 20년간의 갈등

과 시행착오를 거쳐 드디어 민족 간 대타협의 기회를 맞이
했으나, 독일의 침공으로 무산된 것이다. 1938년 2월 체코
의 정치 지도자들은 헌법 개정을 통해, 슬로바키아 지도
자들이 오랫동안 요구해온 자치권을 대폭 승인했다. 이 헌
법 개정에 따라 슬로바키아는 슬로바키아 의회와 행정부,
법원을 갖게 되었다. 그러나 어렵게 이룬 체코와 슬로바키
아의 타협과 합의는, 1938년 10월 독일의 수데텐란트 합
병과 뒤이은 체코슬로바키아 합병으로 제대로 실현되지
못했다.

유고슬라비아에서는 1939년 8월 세르비아가 크로아티
아와 협정(Sporazum)을 맺어, 크로아티아 자치권을 인정해
주었다. 이로써 20년간의 세르비아-크로아티아 갈등은 마
침내 해결의 실마리를 찾는 듯했으나, 1941년 독일의 유고
슬라비아 침공으로 무산되었다.

동유럽 사람들은 정치 발전은 고사하고, 생존권을 지키
기 위한 싸움터로 내몰렸다.

4. 폭풍우의 도래: 나치 독일과 '패자 민족'의 결탁

—

독일의 재부상과 뮌헨 협정

동유럽 신생국들이 민족 갈등으로 내홍을 겪고 있는 사이, 주변 국제정세는 다시 급변했다. 1933년 독일에서는 나치(민족사회주의노동자당)가 집권에 성공했다. 히틀러는 자신의 책 《나의 투쟁(Mein Kampf)》에서 베르사유 협정을 수정하여, 과거 독일 제국의 국경선을 다시 확보하는 것이 자신의 목표라고 밝혔으며,[20] 이는 집권 후 히틀러 외교정책의 키워드가 되었다.

나치 독일의 우선적인 목표는 동유럽의 희생을 담보로 동쪽으로 독일의 세력을 확장하여, 생활공간(Lebenstraum)을 확보하는 것이었다. 여기에는 독일 국경선 밖에 사는 게르만인들의 민족자결권을 되찾는 것도 포함되었다. 체코슬로바키아에 살고 있는 300만 명의 게르만인, 폴란드의 100만 명, 오스트리아의 700만 명의 게르만인을 나치 독일의 품으로 데려오는 것이었다.

베르사유 협정 체결 당시 독일은 오스트리아의 합병을 비롯하여 게르만 민족의 자결권을 요구했지만 거부당했었다. 나치는 이를 되찾고자 했으며, 기회는 예상보다 빨리 왔다.

1929년 미국에서 시작된 대공황이 동유럽의 경제를 궁지로 몰고 갔다. 특히 외채 문제는 심각했다. 동유럽 국가들은 인구의 70~80퍼센트가 농사를 짓는 농업 국가였다. 전후 동유럽 정치인들의 급선무 중 하나는 이들 농민을 먹여 살리는 것이었다. 참전했던 농민들에 대한 보상책으로 토지개혁이 단행되었지만, 사회에 대한 불만을 무마하기 위해 실시된 이름뿐인 개혁이었기에 효과는 미미했다. 농민들은 약간의 토지를 분배받았을 뿐이었다. 얼마 안 되는 토지를 경작해 먹고살아야 하는 농민들은 한 푼이라도 더 벌기 위해 수익 작물 생산에 매달려야 했다.

이런 상황에서 대공황이 닥치자 동유럽 농민들은 국제 농산물 가격 폭락으로 인한 피해를 고스란히 입을 수밖에 없었다. 농가 수입은 급락했고, 농민들은 빚더미에 앉게 되었다. 대공황의 타격으로 수출도 급감하여 동유럽 국가 정부들은 전후 경제 재건을 위해 빌려온 외채의 이자조차 갚지 못하는 처지가 되었다. 1932년 이후 동유럽 국가들은 채무불이행 상태였다.

대공황의 혼란을 틈타 독일은 동유럽 국가들의 구세주를 자임했다. 독일 정부는 폭락한 동유럽의 잉여 농산물을 시장가보다 높은 가격에 사들이고, 산업제품을 살 여력이 없는 동유럽 국가들에 독일산 산업제품을 싼값에 팔았다. 동유럽 무역에서 독일이 차지하는 비율은 대공황 이전 전체 동유럽 시장의 6분의 1 수준에서 대공황 이후 2분의 1로 증가했다.

동유럽에 대한 시장 주도권을 장악한 독일은 그다음 단계로 동유럽 국가들과 무역협정을 맺으며 더욱 영향력을 키워나갔다. 1933~1934년에 독일은 불가리아, 헝가리, 유고슬라비아와, 1938년에는 루마니아와 무역협정을 체결했다.

그런 다음 독일은 동유럽 국가들을 압박하여 1934년 '소협상 동맹'을 해체시켰다. 소협상 동맹은 영국-프랑스 연합(Entente)을 본떠, 동유럽 3개국(체코슬로바키아, 루마니아, 유고슬라비아)이 프랑스와 맺은 협상이었다. 소협상 동맹의 해체는 곧 동유럽의 최대 우방이라 할 수 있는 프랑스의 영향력을 축소하는 것을 의미했다.

1938년 체코슬로바키아가 독일에 합병되기까지의 과정은 동유럽의 약소국들이 독일의 위협에 얼마나 취약하게 노출되었는지를 단적으로 보여준다. 체코는 19세기 후반 중공업산업을 육성하여, 유럽 10대 산업강국으로 발전했다. 그 덕분에 체코슬로바키아는 적어도 경제적으로는 예외적으로 독일의 포섭을 거부할 수 있었다. 더구나 독립 직후부터 시장 다변화 정책을 펴온 터라 독일의 경제적 영향력으로부터 자유로울 수 있었다.

그러나 체코슬로바키아는 그 지정학적 위치 때문에 경제적 자립 능력과 별개로 정치적 자립까지 확보할 수 있는 처지는 아니었다. 동유럽이라는 열강의 각축장에서, 약소국의 주권은 혼자 지킬 수 있는 것이 아니었으며, 특히 이웃한 우방 국가들과의 공조관계가 중요했다. 이것이 연합국이 동유럽 '방역선'을 구상하여 집단 안보체제를 추진하고자 했던 이유다.

체코슬로바키아는 독일이 위협해 들어오자, 이웃 동유럽 국가들과 공조관계를 맺어 위기를 돌파하고자 했다. 체코슬로바키아는 동유럽 지역 경제 공동체의 결성을 주변국에게 제안했다. 그러나 베르사유 협정 체결 이후 '영토 축소국'과 '영토 확장국' 사이의 긴장과 적대감 때문에 주변 국가들은 그런 제안을 적극적으로 받아들이지 않았다.

영토 확장국인 루마니아와 유고슬라비아는 헝가리와 불가리아와의 관계 정상화를 원하지 않았다. 반대로 헝가리는 헝가리대로 유고슬라비아 등에 흩어진 헝가리 소수민족의 지위 개선을 조건으로 내걸었다. 그러나 유고슬라비아는 이를 받아들일 의사가 없었다.[21]

또한 폴란드, 유고슬라비아, 루마니아, 헝가리는 이미 나치 독일의 영향력 아래 놓인 터라, 독일의 의도를 거스르며 체코슬로바키아가 원하는 독자적인 노선을 구축할 처지가 아니었다.

아울러 동유럽 사람들이 철석같이 믿고 있던 우방인 영국과 프랑스는 체코슬로바키아를 방어하기보다는 독일의 비위 맞추기에 더 바빴다. 두 서유럽 우방국은 전간기 내내 동유럽의 약소국들보다는 독일에 더 관심을 기울였다.

종전 과정에서 독일에 '베르사유의 굴욕'이라고 할 정도로 엄청난 징벌을 부과했던 영국과 프랑스는 초기 강경책을 버리고 유화정책(policy of appeasement)으로 선회했다. 영국은 독일을 다시 유럽 열강 클럽에 가입시켜야 유럽 대륙의 평화를 지킬 수 있을 것이라고 판단하여, 반대하는 프랑스를 설득하면서까지 독일에 대한 유화정책을 폈다.[22] 1922년 영국 총리 로이드 조지가 개최한 제네바 국제회의는 그런 유화정책의 시작을 알리는 조치였다. 또한 그동안 거부했던 독일의 민족자결권을 인정해주었다.

1938년 9월 30일에 체결된 뮌헨 협정은 연합국의 독일에 대한 유화정책의 결정체였다. 체임벌린 영국 총리와 달라디에 프랑스 총리는 세계대전의 재발을 피한다는 명분으로, 독일과 타협점을 찾았다. 체코슬로바키아의 독일계 민족 거주 지역인 수데텐란트에 대한 합병 요구를 들어준 것이다. 명백한 베르사유 협정 위반이었다. 체코슬로바키아의 주권을 무시하고 독일의 야욕을 인정해준 것이다.

뮌헨으로 출발하기 전 라디오 연설을 통해 체임벌린 총리는 "우리가 전혀 알지 못하는 먼 나라(체코슬로바키아)에서 벌어질 싸움 때문에 다시 참호를 파고 방독면을 써야 한다면 얼마나 끔찍하고 이상하고 믿기 어려운 일이겠습니까?"라고 속내를 드러냈다.[23] 귀국 후에는 뮌헨 협정을 통해 "시대적 평화"를 이룩했다고 주장했다.

체코슬로바키아가 자국의 진정한 우방이라고 믿었던 두 유럽 열강의 배신 앞에서, 체코슬로바키아의 영토 유지권이나 정치적 주권은 아무런 소용이 없었다. 이렇게 해서 영국과 프랑스는 자신들이 주도했던 베르사유 협정을 스스로 파기해버렸다.

뮌헨 협정 체결 일주일 후 독일은 수데텐란트를 합병했다. 독일과 체코 국경을 따라 살고 있던 300만 명의 독일계 민족이 독일의 손으로 넘어갔다. 뮌헨 협정 체결 4년 전부터 나치 독일은 수데텐란트 거주 독일계 민족들을 대상으로 '게르만 민족주의'를 자극했다.

체코의 독일계 민족들은 '네오나치 수데텐란트 게르만당'을 수립했고, 독일계 민족 유권자의 60퍼센트가 이 당에 표를 던졌다. 이를 발판으로, 1938년 오스트리아 합병에 성공한 독일은 그다음 단계로 수데텐란트의 합병을 밀어붙였다. 더욱이 영국과 프랑스가 동의한 마당에 거리낄 것이 없었다. 일단 수데텐란트를 합병한 독일은 그다음 해에는 나머지 체코슬로바키아 영토까지 합병했다. 이제 체코슬로바키아는 주권독립국에서 독일의 보호국으로 떨어졌다. 1차 세계대전 발발 직후 망명길에 올랐던 베네시(Edvard Beneš) 대통령은 24년 만에 다시 망명길에 올라야 했다.

체코슬로바키아 합병 6개월 후인 1939년 9월, 독일은 폴란드를 침공했다. 폴란드는 뮌헨 협상 체결 직후부터 독일의 외교적 압박에 시달렸다. 독일은 앞으로 있을 러시아 침략을 위해 러시아와 국경선을 맞대고 있는 폴란드의 협조가 절대적으로 필요하다고 판단했다.[24] 그러나 독일의 회유에 폴란드는 넘어가지 않았다. 독일이 나치의 대(對)소련 전쟁에 협력한다면 폴란드 동부의 영토를 확장시켜 주겠다고 했으나 폴란드는 거절했다. 체코슬로바키아 합병 후 독일은 외교 설득전에서 침공으로 선회했다. 독일은 그단스크(독일명 단치히)의 할양을 빌미로 폴란드를 공격했다.[25] 독일-동프로이센 간 아우토반과 철도를 건설하기 위해 '자유 도시'로 선언된 그단스크를 통과해야 한다는 명분이었다.

독일이 폴란드를 침공한 지 이틀 후 영국은 폴란드를 지원하기 위해 참전했다. 독일이 체코슬로바키아 전체를 합병하는 것을 보고서야 영국은 히틀러가 절대 민족자결권 행사만으로 만족하지 않을 것임을 깨달았던 것이다. 이제 전쟁은 유럽 전쟁으로 확대되었다.

독일과 국경을 접한 프랑스는 독일이 폴란드에 대항하여 전격전(blitzkrieg)을 벌이는 동안, 마지노 전선에서 '앉은뱅이 전쟁(Sitzkrieg)'을 벌이고 있었다. 아무것도 하지 않고 그저 앉아서 버티면서 폴란드가 최대한 버텨줄 것으로 예상되는 2주라도 벌기 위한 심산이었다.[26] 폴란드 최고의 우방국이라는 호칭이 무색한 무책임한 처사였다.

독일의 폴란드 침공 16일 후(9월 17일), 이번에는 소련이 폴란드를 공격했다. 침략 명분은 벨라루스와 우크라이나의 소수민족을 '해방'시키고, 독일의 동진을 저지한다는 것이었다. 이로써 폴란드는 독일과 소련의 이중침공을 받게 되었고, 9월 28일에는 양측 모두에 항복했다. 독일과 러시아는 폴란드 분할 점령을 놓고 의기투합했다. 1922년 라팔로 조약(Treaty of Rapallo)을 맺으며 독일과 소련은 그동안의 적대적 관계에서 우호관계로 탈바꿈했다.[27]

두 국가는 모두 베르사유 협정을 폐기처분해야 한다는 공통의 이해관계를 가지고 있었다. 소련은 독일이 군대를 증강하고 소련 영토에서 무기 실험을 할 수 있도록 허용했고, 비밀리에 독일 군인들을 훈련시켜 실험이 끝난 새로운 무기를 쓸 수 있게 해주었다.[28] 역으로 독일은 소련군 장교를 훈련시켰으며 새로 개발한 무기 정보를 소련과 공유하기도 했다.

히틀러가 집권하면서 양국의 관계는 잠시 냉각기에 들어서기도 했으나 곧 회복했다. 히틀러는 1차 세계대전의 경험을 반추하며 서부전선과 동부전선에서 동시에 전쟁을 수행하는 사태를 막고자 했다. 이에 히틀러는 외무장관 리벤트로프를 소련으로 보내 불가침조약을 맺게 했다. 1939년 8월 독일과 러시아는 독소불가침조약(몰로토프-리벤트로프 조약)을 체결했다.

폴란드 항복 후 양국은 우호 협정을 맺어 폴란드에 대한 영향권을 나눠 가졌다. 사실 소련은 소련대로 소련 공산주의와 독일 파시즘의 대결이 불가피하다는 것을 인식하고 있었다. 그럼에도 소련은 가능한 한 다가올 전쟁에 휩쓸리지 않고, 전쟁 준비를 할 시간을 최대한 벌 필요가 있었다.

독일과 러시아는 중동부 유럽 분할에 관한 비밀 의정서를 체결했다. 19세기 프로이센과 러시아 간 '힘의 정치(power politics)'의 재현이었다. 이 협정에 따라 독일은 폴란드 서쪽을 점령하고, 소련은 폴란드 동쪽을 점령하기로 합의했다. 소련은 폴란드가 1차 세계대전 후에 러시아 제국으로부터 빼앗아간 벨라루스와 우크라이나를 되찾아왔다.[29]

또한 독일과의 전쟁 준비에 긴요한 22개월(1939년 8월~1941년 6월)을 벌 수 있었다. 그 22개월의 기간 동안 독일은 서부전선에서 전쟁을, 소련은 동부전선에서 마음대로 영토 확장전쟁을 벌였다. 소련은 폴란드 외에도 핀란드, 발트해 3국을 점령했다.[30]

히틀러는 1941년에 발칸을 침공했다. 원래 히틀러는 발칸에 관심이 없었다. 그러나 러시아 제국을 포위하기 위한 주변부 전략의 일환으로 측면 공격을 감행할 필요가 있었다. 가장 많은 희생을 치른 것은 끝까지 굴복하지 않은 유고슬라비아(와 그리스)였다.

유고슬라비아는 3개 접경국 헝가리, 불가리아, 루마니아가 1940년 11월 독일이 주도하는 삼국협상(Tripartite Pact)에 가입하자, 적대적인 국가들에 의해 포위된 형국이 되었다. 유고슬라비아 섭정 파블레 카라조르제비치(Pavle Karadordević)는 이에 굴복하여 1941년 3월 삼국협상에 조인했다. 그러나 섭정의 항복 선언 며칠 후 이에 반대하는 세르비아 장교들이 쿠데타를 일으켜 항복 결정을 번복했다. 그러자 나치 독일은 기다렸다는 듯이 1941년 4월 세르비아의 수도 베오그라드 공습을 감행했다.

유고슬라비아는 독일, 이탈리아, 헝가리, 불가리아 4개국에 의해 분할 점령당했다. 세르비아는 독일 점령군 사령관 통치 아래,[31] 크로아티아는 나치 괴뢰정부 아래 놓이게 되었다. 슬로베니아는 독일, 이탈리아, 헝가리 사이에서 삼국 분할되었으며, 보스니아-헤르체고비나는 크로아티아 괴뢰정부(독립 크로아티아 공화국)의 통치 아래 놓였다.

'패자 민족'의 복수전이 일으킨 3중의 전쟁

2차 세계대전이 발발하면서 동유럽 7개국이 처한 상황은 제각각 달랐다. 폴란드와 유고슬라비아는 직접 침공을 받았고, 1942년부터 지하 저항운동을 전개했다.

반면 1919년 독립국가 수립에서 배제되었던 크로아티아와 슬로바키아는 나치에 적극적으로 협력하여, 나치 위성국으로서나마 독립국가를 수립했다.

1차대전 후 영토가 대폭 축소되며 '패자 민족'이 됐던 헝가리와 불가리아는 나치의 "기회주의적 위성국"이 되어서라도 좌절된 영토 욕구를 충족시키고자 했다.[32]

루마니아는 패자 민족이 아니었음에도 "기회주의적 위성국"이 되었다.

이에 따라 동유럽의 2차 세계대전은 중층적인 성격의 3중전으로 전개되었다. 첫째, 동유럽에서 2차 세계대전은 서유럽에서처럼 '추축국'의 침략에 맞선 유럽전이었다. 1942년 이후 지하 저항운동이 독일과 이탈리아 침략 지역을 중심으로 시작되었다. 지하 저항운동은 폴란드와 세르비아에서 가장 강력했다. 폴란드에서는 한때 38만 명이 저항운동에 참여할 정도로 활성화되었다. 대독일 항쟁에서 가장 혁혁한 공로를 세운 것은 유고슬라비아였다. 유고슬라비아 공산당이 이끄는 빨치산 운동은 독일의 발칸 전선에 엄청난 타격을 주었다.

둘째, 2차 세계대전은 동유럽의 지역적 맥락에서 보면 '영토 축소국'이 '영토 확장국'을 대상으로 설욕전을 벌이는 '지역전'의 성격도 띠었다. 1912~1922년 10년 사이에 동유럽의 국경선이 급격히 바뀌는 것을 목격한 '영토 축소국'은 자국 경계선을 베르사유 협정 이전으로 돌리고자 했다. 영토 축소국 헝가리와 불가리아는 자민족 국가를 세웠으나, 영토 축소라는 '베르사유 굴욕'을 겪었다.

이들 패자 민족은 독일의 침략전쟁에 가담하여, 주변국에 빼앗긴 영토 되찾기에 나섰다. 헝가리는 전쟁 전부터 나치 독일에 편승했고, 독일은 독일대로 헝가리의 영토 회복 열망을 이용하여 자기편으로 끌어들였다.

헝가리는 종전 후 뺏긴 영토를 되찾는 것에서 더 나아

가, 중세 전성기(성 이슈트반 왕국)의 역사적 영토를 모두 되찾고 싶어했다.[33] 헝가리는 1938년 뮌헨 협정 이후 독일 편에 선 슬로바키아 영토의 일부를 빼앗아왔다. 1025년 이후 헝가리 왕국이 지배했으나 1차 세계대전 종전 협상 과정에서 체코슬로바키아에 빼앗긴 땅이었다.[34] 헝가리는 1939년에 카르파티아-우크라이나 지역을, 1940년에 루마니아로부터 북부 트란실바니아를, 1941년에 세르비아에 빼앗겼던 보이보디나를 되찾으며 고토를 상당 부분 회복했다.

불가리아도 헝가리와 함께 1941년 4월 독일의 침공에 가담하여, 유고슬라비아 해체와 영토 분할에 적극적으로 참여했다. 불가리아는 세르비아에 빼앗긴 동남쪽 영토를 되찾았다. 또한 불가리아는 그리스 침공에도 가담하여, 빼앗긴 영토를 되찾았다. 불가리아군은 그리스 점령 뒤 민간인 수천 명을 살해했다. 그들은 그리스어 사용을 금지했으며 불가리아인들을 데려와 정착시켰다. 이렇듯 동유럽 국가들에게 2차 세계대전은 단순히 군사적 승리만이 아닌 치열한 영토 전쟁이었다. '패자 민족'들이 새로운 영토를 확장하고, 인구를 재정착시켜 자민족 영토로 만들려는 폭력적인 쟁투였다.

셋째, 2차 세계대전은 '내전'이기도 했다. 베르사유 협정의 혜택을 받지 못해 민족국가 수립에서 배제된 '패자 민족'들에게 2차 세계대전은 전쟁이라는 혼란한 국면을 이용하여 자신들의 좌절된 꿈을 펼칠 수 있는 기회를 의미했다. 슬로바키아[35]와 크로아티아[36]가 이에 속한다.

이들은 독립국가를 선포하면서 오랜 갈등관계에 있던 다수민족, 각기 체코 민족과 세르비아 민족과의 결별을 꾀했다. 물론 그것은 독일의 괴뢰정부 또는 위성국가 형태로 가능한 극히 제한적인 독립이었다. 그럼에도 민족자결권과 독립에 대한 설욕을 풀 수 있었기 때문에, 슬로바키아 민족과 크로아티아 민족에게는 의미 있는 역사적 사건이 되었다.[37] 슬로바키아나 크로아티아는 다수민족의 '중앙집권주의'라는 족쇄를 벗어던진 것에 만족했다. 뮌헨 협정이 체결된 후 슬로바키아 분리주의자들은 베를린의 나치 당

국자들과 비밀협상에 들어가, 독일군이 프라하를 점령한 다음 날(1939년 3월 14일) '독립 슬로바키아 공화국'을 선포했다.

독일의 유고슬라비아 침공이 있은 직후 크로아티아는 독립국가 건설을 선언했다.[38] 1940년 4월 4일 독일은 '작전 25'를 실행하여 유고슬라비아를 침공했다. '작전 25'는 히틀러의 '총통 지령 25'에서 나온 말이다.

나흘 뒤인 4월 10일, 우스타샤(Ustaša)라 불리는 크로아티아의 극우 민족주의자 조직은 '독립 크로아티아 공화국(NDH)'을 선포했다. '독립 크로아티아 공화국'은 독일의 괴뢰정부였지만, 그럼에도 크로아티아가 군림할 수 있는 영토였다. 더군다나 독립 크로아티아 공화국은 크로아티아는 물론 보스니아-헤르체고비나까지 확장한 터였다. 크로아티아의 좌절된 영토 욕구 관점에서 보면, 독일과의 관계는 충분히 만족스러운 거래였다. 이 공간에서는 다른 어느 누구도 아닌 크로아티아 민족이 주인으로 군림할 수 있었다.

우스타샤 지도자 안테 파벨리치(Ante Pavelić)는 "크로아티아는 오직 크로아티아인만이 다스릴 수 있다는 원칙"을 수립하며, 거부당한 민족자결권을 극단까지 몰고 갔다.

'패자 민족' 크로아티아의 한풀이는 유고슬라비아를 '내전'으로 몰고 갔다. 2차 세계대전 발발 후 크로아티아 민족주의자들은 독일 괴뢰정부 형태로나마 '독립 크로아티아 공화국'을 세웠다. 우스타샤는 악명 높은 '민족청소'를 집행했다.

그들의 주요 공격 대상은 크로아티아 공화국 인구 650만 중 190만 명을 차지하는 세르비아인이었다. 유고슬라비아 존속 내내 크로아티아 민족은 세르비아 민족의 독주에 반발했었다. 우스타샤 지도자 파벨리치는 "세르비아인의 3분의 1은 개종시키고, 3분의 1은 추방하고, 3분의 1은 처형하라"라는 지령을 내렸다.

크로아티아 민족주의자들의 공포통치가 지속된 4년 동안(1941~1945) 8만~10만 명의 세르비아인, 보스니아 무슬림, 유대인, 집시 등이 처형되었다(세르비아 측은 적어도 30만

명 이상의 세르비아인이 처형되었다고 주장한다).

우스타샤는 또한 세르비아인이 사용하는 키릴문자를 금지시켰고, 수십만 명의 비크로아티아인을 투옥하거나 집단수용소에서 처형했다. 이로써 전간기 내내 세르비아와 크로아티아가 벌였던 '말싸움'은 2차 세계대전 동안 '총싸움'으로 변했다.

유고슬라비아의 지하 저항운동조차 민족 간 '내전'에서 자유롭지 못했다.[39] 유고슬라비아에는 공산주의 계열의 저항운동 '파르티잔'과 세르비아 민족주의 성향의 군인을 중심으로 한 저항군 '체트닉'이 조직되었으며, 양 저항군은 나치군이나 크로아티아 극우 민족주의자와 싸우는 것은 물론, 서로 싸우기도 했다.

한편 세르비아 저항군은 보스니아에서 가해자로 바뀌어, 보스니아 무슬림을 대상으로 '민족청소'를 자행했다. 세르비아 게릴라 부대는 세르비아인이 아닌 모든 민족을 보스니아에서 청소하고 싶어했다. 무자비한 민족말살 정책으로 인해 전쟁 기간 동안 무슬림을 비롯한 비세르비아인 수만 명이 처형되었다.

이 같은 비극이 폴란드, 체코슬로바키아, 루마니아 등 동유럽 어디에서도 거의 예외 없이 벌어졌다. 2차 세계대전은 피해자와 가해자의 뚜렷한 구분 없이, 피해자가 가해자가 되고 가해자가 피해자가 되는 민족 갈등의 복잡한 이중성을 여과 없이 드러냈다.

이렇게 동유럽 베르사유 체제는 외세에 의해 수립되었고 외세에 의해 붕괴되었다. 처음부터 자신들의 손으로 쟁취한 것이 아니었고, 그런 만큼 스스로 지킬 수 없는 무기력한 독립이요 평화였다. '사이에 끼인 유럽'이라는 동유럽의 지정학적 비극은 평화가 찾아온 지 20년 만에 다시 재현되었다. 뿐만 아니라 동유럽 다민족국가의 시한폭탄, 민족 갈등의 뇌관은 외세 침략의 아비규환 속에서 더욱 폭력적으로 폭발했다. 베르사유 협정에서 소외되고 배제된 민족들의 대반란이자 설욕전이 부메랑이 되어 돌아왔다.

'베르사유 굴욕'의 보복에 나선 것은 독일만이 아니었다. 민족국가 수립의 기회가 아예 부여조차 되지 않았던 슬로바키아와 크로아티아는 나치의 부상을 이용하여 자신들의 독립국가를 세웠다. 또한 베르사유 협정으로 영토를 축소당한 헝가리와 불가리아는 나치와 함께 침략군이 되어 26년 전 자국 영토를 빼앗아간 나라들에 대한 보복에 나섰다. 그 복수전의 소용돌이 속에서 '민족청소(ethnic cleansing)'라는 비극은 동유럽 사람들에게 깊은 역사적 상흔을 남겼다.

4장

무기력한 좌회전: 사회주의-민족국가 건설과 붕괴(1945~1993)

1. 사회주의, 민족주의, 국제주의

—

1945년 5월 8일을 기해 유럽에서 2차 세계대전이 종식되었다. 종전과 더불어 서유럽 사람들은 나치 침략의 비극을 뒤로하고 '해방과 자유'의 시대를 맞이했다.

그러나 동유럽 사람들은 서유럽 사람들과 같은 기쁨과 자유를 누리지 못했다. 동유럽 사람들은 전쟁의 공포와 고통에서 놓여나긴 했지만, 자유의 기쁨이 아닌 소련에 의한 '점령과 지배'의 공포가 그들을 기다리고 있었다.

소련은 2차 세계대전에 참전하여 대(對)나치 항쟁에 혁혁한 공을 세워 연합군의 승리를 이끄는 견인차 역할을 했다. 이에 대한 반대급부로 소련은 연합국과 얄타 협정을 맺어 유럽을 동서로 분할하여 동유럽을 자국의 위성국으로 만들 권리를 인정받았다.[1]

영국과 미국은 그리스, 일본, 아랍에 대한 영향권을 챙겼다. 헝가리 철학자 바이다(Vajda Mihaly)가 개탄했듯이,

연합국은 "동유럽을 담보로 서유럽의 자유를 되찾아온 것이다".[2]

열강의 세력 다툼이라는 장기판에서 졸로 취급되는 동유럽의 운명은 하루아침에 '유럽 문명의 동쪽 경계선'에서 '소련 제국의 서쪽 변방'으로 뒤바뀌었다. 1919년 베르사유 체제에서 서유럽 열강들은 동유럽의 지정학적 위치를 소련을 방어하기 위한 완충지역으로 설정했다. 겨우 26년 만에 정세는 뒤집혀, 1945년 얄타 체제에서는 소련에 의해 동유럽은 서방 방어용 완충지역으로 정해졌다.

동유럽 사람들은 무기력하게 소련의 위성국이 되었음을 받아들여야 했고, 집권한 공산당 지도부는 대중에게는 낯선 사회주의 체제 건설이라는 새로운 임무를 맡게 되었다. 동유럽 공산당 지도부가 사회주의 체제를 건설하기 위해서는 두 가지 필요소선을 충족해야 했나.

첫째, 동유럽 사회주의 정권은 대내적으로 대중의 지지를 끌어내야 했는데, 이를 위해선 민족의 정통성을 내세우는 수밖에 없었다. 동유럽사 맥락에서 보면, 사회주의 체제로 급작스레 전환했다지만, 19~20세기 초에 형성된 민족국가의 전통을 완전히 단절할 수는 없었다.

　마르크스가 말했던 것처럼, 동유럽 사회주의자들은 자신들이 선택한 상황이 아니라 이미 존재하는, 물려받은 조건에서 역사를 만들어야 했고, 그 물려받은 유산은 다름 아닌 민족국가의 유산이었다. 동유럽 공산당 지도자들이 판단하건대, 기존의 민족 전통과 정체성에 호응하지 않으면서 사회주의라는 낯설고 인위적인 국가체제를 건설해 나갈 수는 없었다. 전쟁이 남긴 폐허 위에서 새로운 체제를 도입하여 국가를 재건하는 데 국민적 지지는 그만큼 절대적인 통치 요소였다.

　동유럽 공산 지도자들은 국민에게 익숙한 '민족'의 어법으로 소통해야 수월하게 대중적 지지를 획득할 수 있다고 판단했다. 이런 필요성에서 출발하여, 동유럽 공산당 지도부는 자신들을 '민족의 대변자' 또는 '수호자'로 내세우며 사회주의 국가 건설을 추진하고자 했다. 그러므로 동유럽 공산당은 처음부터 사회주의 국가가 아니라 사회주의-민족국가(socialist-nation state) 건설을 목표로 설정한 것이다.

동시에 동유럽 사회주의 정권은 정치적 성공을 위해 소련의 제국주의적 지배 욕구도 충족시켜야 했다. 전후 동유럽 전역에 주둔한 100만 명의 소련 군대가 증명하듯, 대부분의 동유럽 사회주의 정권은 소련의 개입으로 집권이 가능했던 태생적 한계를 안고 출발했다(유고슬라비아, 알바니아는 자생적 혁명을 통해 집권했다).

그러므로 소련이 원하는 것, 요구하는 것은 들어주어야 했다. 모스크바가 원하는 대로 사회주의 국제주의를 천명했으며, 소련 지도부에 찬사를 보내고 비위를 맞추어야 했다. 그래야 동유럽 공산당은 정치적 운신의 폭을 확보하고, 정권의 안위를 지킬 수 있었다.

다시 말해 동유럽 지도부는 자국 민족주의와 소련의 제국주의적 욕구를 동시에 충족시키는 어려운 역할을 수행해야 했다. 소련의 지배가 갖는 특성 중 하나는 민족주의와 관련한 이중적 태도다. 소련은 연방 내 공화국과 동유럽 위성국들의 민족 정체성을 인정해주었다. 소련은 이들 피지배 민족의 민족 정체성, 민족 정서, 문화, 언어 사용 등을 거부하지 않았지만 피지배 민족이 노골적으로 민족주의를 드러내고 조직화하는 것은 금기시하는 모호한 정책을 폈다.[3]

이는 민족적으로 복잡하게 구성된 다민족 국가 소련을 효율적으로 통치하기 위해 고안해낸 방법으로, 각 민족이 연방공화국과 자치주 들에서 나름대로 자치권을 확보할 수 있게 해주었다. 스탈린(Iosif Vissarionovich Stalin)이 제시한 "형식은 민족주의, 내용은 사회주의"라는 틀 안에서, 각 민족들의 문화와 언어를 장려하는 토착화(korenizatisya) 정책을 실행했다. 그 연장선상에서 동유럽 국가들도 자신들의 민족 정체성을 살리는 정책을 펼 수 있었다.

요컨대 동유럽 사회주의 44년의 역사는, 공산당 위정자의 관점에서 보자면, 내부 국민들의 민족주의적 열망과 외부 소련의 제국주의적 욕망 사이의 긴장관계 속에서 균형을 맞추는 토대 위에 새로운 국가 구조물을 구축하고자 한 역사였다.

그러나 동유럽의 사회주의-민족주의와 소련의 사회주의-국제주의가 일으키는 끝없는 긴장과 충돌은 시간이 흐르면서 동유럽 공산당의 운영 및 관리 능력을 소진시켜갔다. 서로 모순되는 두 축의 욕구 사이를 왔다 갔다 하며, 동유럽 공산당은 그때그때 현실적으로 가능한 해결책을 모색했지만, 결국 자가당착은 감당할 수 없을 정도로 커져갔다.

동유럽 공산당은 '민족 수호자'인 동시에 소련의 '충실한 추종자'가 될 수 없었다. 대외적으로 소련이 지시하는 대로 사회주의-국제주의 노선을 따르면서, 국내적으로 '민족주의자들보다 더 민족주의적'이라 내세우는 것은 지속적으로 이데올로기적·정치적 모순을 초래했고, 그 모순 앞에서 동유럽 공산당은 1989년에 무릎을 꿇었다.

동유럽 사회주의 통치의 모순은 1950년대 중반부터 시작된 탈스달린주의 개혁기를 거치면서 점점 극대화되었다. 1953년 스탈린 사망 이후 시작된 스탈린 격하운동의 바람을 타고, 동유럽 공산당은 독자적인 노선의 탈스탈린식 사회주의 건설에 박차를 가했다. 동유럽 공산당은 비록 소비에트 체제에 통합된 공산주의자이지만 그렇다고 소련 사람은 아님을 개혁을 통해 입증하고자 했다.

그러나 1956년 10월 헝가리 봉기, 1968년 프라하의 봄에 대한 진압이 보여주듯이, 소련은 동유럽의 개혁을 두려워했고, 무력으로 진압했다. 소련의 무력진압은 전간기 자유로운 독립국가에 대한 기억이 아직 생생한 동유럽 사람들에게 충격과 좌절을 주었다.[4]

동유럽 공산당 지도부는 소련 체제 속에서의 개혁은 불가능한 목표임을 깨닫고, 개혁의 목표를 단념하게 되었다. 아울러 소련의 무력진압은 정권이 주장해온 민족 정통성의 허구를 만천하에 드러내는 계기가 되었다. 민족 정체성을 내세우면서도, 민족 정체성에 내포된 이해관계를 외세의 압력 때문에 충족시키지 못하는 무기력한 동유럽 사회주의 체제와 지도부를 국민들은 정당한 것으로 받아들일리 없었다.[5] 그 이후 동유럽 사회주의 정권은 국정 장악력을 차츰 상실하며 깊은 정체기에 빠지게 되었고, 안으로부터 붕괴하고 말았다.

2. 사회주의-민족주의와 사회주의-국제주의의 충돌

스탈린주의 통치(1945~1953)

소련과 비교할 때, 1945년에 수립된 동유럽 사회주의 체제는 현격하게 정통성이 약한 체제였다. 1917년 러시아의 사회주의자들이 민중혁명으로 획득한 정통성을 갖고 집권했다면, 동유럽 사회주의자 다수는 소련이라는 외세의 등에 업혀 정권을 잡았다. 폴란드, 헝가리, 루마니아, 불가리아의 사회주의 세력은 자생적 혁명이 아닌 소련의 점령과 개입으로 국가권력을 장악했다. 이는 동유럽 사회주의 정권의 국정 운영 방향과 범위를 처음부터 한계 짓는 중대한 제한 요소였다. 그러므로 정통성의 확보는 동유럽 사회주의 정권의 사활이 걸린 중요한 목표가 되었다.

일각에서는 사회주의 체제는 독재체제이므로 정통성은 필요하지 않다는 견해도 있으나, 이는 잘못된 편견이다.[6] 어떤 정권이 됐든 폭력적·억압적 수단에만 의존해서 권력을 유지하기란 어려운 일이다. 정통성이란 통치권에 대한 사회 구성원들의 근본적 믿음으로, 이것이 확립돼야 국민이 법을 지킬 필요성에 의문을 제기하지 않으며, 집권세력이 내린 명령과 지시사항이 하부로 내려가 효율적으로 집행될 수 있게 된다.

특히 20세기 대중정치의 시대에서는 정통성이 무엇보다 중요한 요건이었다. 사회주의 정권이라고 해서 예외는 아니었다. 동유럽에서 자생적으로 공산당이 집권한 유고슬라비아와 알바니아, 그리고 공산당의 인기가 상당히 높았던 체코슬로바키아에서조차 낯선 사회주의 체제를 건설하는 데 대중의 지지를 동원하는 것은 중요한 도전이었고, 그런 만큼 정통성 확보는 국정 운영의 최우선 과제가 되었다.

동유럽 공산당은 민족주의를 동원하여 정통성 확보의 지름길을 찾고자 했다. 마르크스-레닌주의 원칙을 따르자면, 사실 사회주의 국가에서 민족은 사라져야 할 부르주아 사회의 나쁜 잔재였다.

하지만 동유럽 공산당은 민족을 부정하고 소멸시키는 것이 아니라, 적극적으로 전유하며 민족 정서에 호소하는 전략을 선택했다.[7] 전간기 민족국가 유산은 동유럽 사회 구성원들의 정치적·사회적·문화적 정체성 구석구석에 이미 스며들었다. 그러므로 민족 정서가 사회주의에 대한 열망보다 강력한 여건에서, 동유럽 공산당은 자신들이 열렬한 사회주의자임을 입증하기보다는 열렬한 민족주의자임을 입증해야 했다.[8]

이는 20세기 초 1세대 동유럽 사회주의자들이 직면했던 현실이기도 했다. 제국의 지배를 받고 있는 동유럽에서 계급해방은 민족해방과 분리될 수 없는 문제였고, 그런 만큼 동유럽 사회주의 계급해방운동은 민족해방운동과 불가분으로 얽히게 되었다. 2차 세계대전 동안에도 동유럽 각국의 사회주의 계열 저항운동 조직들은 민족주의를 공식적으로 표방하여 민심몰이에 나섰다.

불가리아 공산당은 '조국 전선(Fatherland Front)'이라는 빨치산 운동을 전개하면서, 각종 선언문과 관련 문서에

'공산당'이나 '공산주의' 같은 용어를 전부 삭제했다. 낯선 사회주의 용어들 때문에 대중이 겁먹고 빨치산 운동을 외면할까 우려했기 때문이다. 또한 불가리아 빨치산 운동의 주체는 프롤레타리아가 아니라 불가리아 민족으로 명시되었다.

전쟁이 한창 진행 중이던 1943년, 폴란드 공산당 기관지가 "앞으로 재건될 폴란드 국가는 민족국가가 될 것"임을 천명한 것도 여전히 강력하게 남아 있는 민족 정서를 반영한 행동이었다.[9]

2차 세계대전 동안 민족 간 내전이 치열했던 유고슬라비아에서도 티토(Josip Broz Tito)가 이끄는 빨치산 운동은 각 민족의 민족 정체성을 적극적으로 수용하여, 각 민족에 자치권을 주는 연방 수립을 조건으로 내세움으로써 서로에게 겨누던 총을 내려놓고 협조하게 만들었다.[10]

동유럽 사회주의 체제의 수립은 3단계로 나눠볼 수 있다. 1단계(1945~1953)는 스탈린주의 노선에 따라 사회주의 체제를 수립한 정권 수립기이고, 2단계(1956~1968)는 탈스탈린주의 개혁기, 3단계(1968~1989)는 정체기다.

동유럽 공산당의 민족 정통성 확보 투쟁은 1단계 정권 수립기부터 시작되었다. 집권 직후부터 동유럽 공산당은 마르크스-레닌주의를 재구성하여, 민족 정통성을 정권 표면에 내세웠다. 1948년까지 동유럽 사회주의자들은 정치적 반대파를 숙청하고 무력화하면서, 명실상부 새로운 집권 세력으로 부상하는 데 성공했다. 종전 직후 동유럽 공산주의자들은 사회주의자, 농민 대표, 자유주의자, 기독 민주주의자 등 각계각층의 대표들과 함께 중도 좌파적인 인민전선을 형성했다.

1947~1948년이 되면 동유럽 공산당은 인민전선에 합류했던 경쟁자들을 공산당으로 흡수하거나 제거하며 독점적 집권세력이 되었다. 구체제 정치인, 지식인, 기업가 들은 직장을 빼앗기고, 강제이주되거나 강제수용소로 보내졌으며, 공개재판을 받고 처형되기도 했다.

동유럽 공산당은 반대파를 제거하는 한편 '마르크스 민족주의'를 기조로 하는 역사 다시 쓰기 작업에 착수했다.[11] '마르크스 민족주의'란 계급과 민족을 아우르는 총체적 역사 담론으로, 사회주의 역사의 주체를 노동자 계급이 아닌 사회주의-민족으로 치환했다.[12] 이는 마르크스-레닌주의를 민족의 이익을 위해 '창조적으로' 재배치한 것으로, 이에 따라 계급투쟁의 종식을 선언하고, 노동자 계급에 부여하던 위상을 대신 '사회주의 민족'에 부여했다.

역사 개조 작업을 통해 민족의 주체는 전간기 '부르주아민족'과는 다른 '사회주의 민족'으로 대체되었다. 동시에공산당은 민족의 대변자로 자신들을 자리매김했다.

동유럽 공산당은 사회주의 정권의 수립을 민족의 자유와 사회 평등을 위해 수 세기 동안 벌여온 오랜 역사적 투쟁의 일환으로,[13] 특히 지난 100년의 역사는 민족해방을위한 사회주의적 토대를 놓은 시기로 재해석했다.[14]

반면 전간기 독립국가 시대는 부르주아 계급의 이익을 추구한 '부르주아 민족주의'로 규정하여, 강력한 비판의 대상으로 삼았다. 1945년 4월, 체코슬로바키아 부총리 고트발트(Klement Gottwald)의 연설에서 그런 입장이 잘 드러난다.

부르주아의 힘은 경찰의 곤봉뿐만 아니라 전체 민족을 대변한다고 스스로를 내세울 수 있다는 것에 있습니다. 항상 전체 민족의 이름으로 자기 계급의 이해관계를 주장합니다. 많은 경우에 우리(사회주의자)와 민족을 분리시켜 우리를 외세의 앞잡이로 몰아세울 수 있었습니다. 오늘날은 완전히 다릅니다. 민족은 새로운 지도자를 찾고 있고, 이제 그 지도자는 노동자 계급과 노동자 계급의 당으로서 우리 공산당만이 될 수 있습니다. 바로 이 점이 우리가 우리 스스로를 지도 세력으로 내세우고자 하는 이유입니다. 오늘날 우리는 민족을 위해 부르주아와 투쟁하고 있습니다.[15]

공산당의 역사 재해석 작업에서 역사적 인물에 대한 기억의 재구성은 빼질 수 없는 요소였다. 각국 역사의 주요 인물들이 민족의 영웅이 아닌 계급-민족의 영웅으로 호명되었다. 15세기 체코의 종교개혁을 이끌었던 얀 후스(Jan Hus),[16] 1514년 실패로 끝난 헝가리 농민 봉기 지도자

죄르지 도저(György Dózsa), 16세기 루마니아의 영웅 미하이 비테아줄(Mihai Viteazul), 폴란드 전간기 정치군인 유제프 피우수트스키(Józef Piłsudski) 원수가 새로운 계급 전사로 불려나왔다.

체코슬로바키아 당 기관지(《Nova Mysl》)는 후스에 대해 "한 나라의 역사에서 그렇게 먼 과거의 인물과 사건이 현재의 혁명 도정에 강력한 선례를 남긴 경우는 매우 드물다"라고 평가했다.[17] 체코슬로바키아 공산당이 가장 많이 호명한 민족 영웅은 독립운동가이자, 초대 대통령을 지낸 마사리크였다. 체코슬로바키아 공산당은 1947년 마사리크 서거 10주년을 맞아 기념우표를 제작했으며, 1948년 탄생 98주년 기념식, 1950년 100주년 기념식에는 고트발트 부총리가 직접 참석할 정도로 마사리크 재해석에 열심이었다. 1949년 체코슬로바키아 예산에서 문화 분야에 대한 지출이 최다 단일 지출 항목을 차지할 정도로 역사 재해석 작업에 큰 공을 들였다.[18]

동유럽 마르크스-민족주의 역사 서술에 맞춰, 민족의

주요 상징물 재건도 함께 추진되었다. 헝가리 공산당은 헝가리 최대 규모의 에스테르곰 성당을 재건했고, 1848년 혁명 지도자 코슈트 러요시(Kossuth Lajos)의 동상을 건립했다. 폴란드 공산당은 2차 세계대전에 파괴된 구시가를 19세기 부르주아 스타일로 '벽돌 하나하나'까지 신경 쓰면서 재건하도록 했다.

동유럽 공산당은 공휴일도 민족 정체성의 중요 상징으로 재배치했다. 헝가리 공산당은 1848년 민족혁명을 계급혁명으로 전유하여, 혁명 기념일인 3월 15일과 사회주의 혁명 기념일인 10월 6일을 함께 기리도록 했다. 헝가리 공산당은 1948년에는 '혁명 100주년 기념식'을 성대하게 치렀다.

체코슬로바키아 공산당도 1948년에 '1848년 혁명 100주년 기념식'을 기행했으며, 독립 체코슬로바키아 수립 30주년도 기념했다. 특히 1938년 뮌헨 협정 10주년 기념식은 중요하게 다뤄졌다.[19] 뮌헨 협정은 '부르주아 민족주의' 폐단과 서방의 배신을 보여주는 좋은 예였다. 1947년 체코슬로바키아 공산당은, 1942년 나치 총독 라인하르트 하이드리히(Reinhard Heydrich) 암살에 대한 보복으로 나치가 몰살한 리디체(Lidice) 마을 주민들을 추도하는 우편엽서를 발행했다.

불가리아에서는 5월 24일을 최초의 슬라브 문자를 발명한 키릴로스와 메토디오스를 기념하는 공휴일로 지정하여, 슬라브 문화의 연속성을 강조했다. 또한 동유럽 각국에서 5월 1일 노동절은 '민족화'된 사회주의 공휴일이 되었다.

'마르크스 민족주의' 역사 서술을 공식화하고 널리 보급하기 위해, 동유럽 공산당은 도서관, 역사연구소, 고문서 보관소, 인쇄 출판업, 신문, 출판사 등을 총동원했다. 유일하게 허용되는 역사 해석은 당의 역사 해석뿐이었다. 또한 역사책, 공휴일, 공식 기념일 의례, 박물관, 연구소, 문학, 영화 등을 통해 대대적인 역사 프로파간다 공세에 들어갔다. 조지 오웰의 소설《1984》에 등장하는 '진리부(Ministry of Truth)'처럼, 동유럽 공산당은 과거·현재·미래에 대한 통찰력을 독점한 세력이 되었다.

한편 동유럽 공식 역사 서술에서 소련은 최고의 우방국으로 제시되는 등 소련과의 형제애가 강조되었다. 불가리아 공산당은 1878년 3월 3일 오스만 제국으로부터 독립한 날을 기념하기 위해 3월 3일을 국가 공휴일로 지정했다.[20] 이는 불가리아의 독립 쟁취에 러시아가 많은 기여를 했고, 2차 세계대전 당시에도 불가리아에서 파시즘을 붕괴시키는 데 소련이 기여했음을 알림으로써, 1944년 이후 불가리아에 주둔하고 있는 소련군의 존재를 정당화하고자 하는 포석이었다.

체코슬로바키아 공산당은 소련을 파시즘의 족쇄로부터 풀어준 은인이라고 선전했다. 공산당의 공식 역사 서술에 따르면 1918년 체코슬로바키아 독립국가 수립은 베르사유 협정에 의한 것이 아닌, 1917년 러시아 혁명의 직접적인 결과로 나타난 성과였다.

파시즘의 족쇄로부터 우리의 조국을 해방시킨 것과 함께

새로운 역사적 시대가 체코와 슬로바키아 민족의 삶에서 펼쳐지기 시작했다. 소련이 파시즘에 대해 승리를 거둔 덕분으로, 체코와 슬로바키아는 100년간의 민족 독립 투쟁에서 영구적으로 승리했다. 역사상 처음으로 체코슬로바키아 사람들은 진정으로 외세의 제국주의자들로부터 자유로운, 민주적이고 주권을 가진 독립국가를 창조했으며 (……) 공산당의 지도하에 사회주의의 토대를 놓았다.[21]

이렇게 동유럽 국가들의 역사 기념에서 소련의 역할과 존재를 부각시키고 동유럽 민족의 해방을 위해 소련이 기여한 바를 강조함으로써, 동유럽 공산당은 소련의 꼭두각시라는 비판을 잠재우고자 했다. 하지만 그러한 의도는 개혁기에 들어 곧 좌절되었다.

탈스탈린화를 향하여(1956~1968)

1단계 정권 수립기에서 사회주의 민족의 정통성에 대한 이념적 토대를 다졌다면 2단계 개혁기(1956~1968)에 들어 동유럽 공산당은 구체적으로 '사회주의로 이르는 독자적인 길'을 제시하며, 개혁을 시도했다. 1953년 스탈린의 사망은 동유럽 공산당이 그동안 추진해오던 스탈린주의 노선을 재고하는 계기가 되었다.

스탈린은 1947년 동유럽권의 마셜플랜(Marshall Plan) 거절과 1948년 유고슬라비아의 코민포름 축출에서 나타난 것처럼, 동유럽 국가들로 하여금 소련의 뜻을 거슬러서는 안 된다는 것을 명백히 했다.

1947년 6월 미국은 마셜플랜을 발표하여 전후 유럽 재건을 위한 재정 지원을 약속했고, 여기에는 동유럽도 포함되었다. 2차 세계대전의 가장 격렬한 전장의 무대가 되어 국가 자산의 평균 30퍼센트가 파괴될 정도로 엄청난 피해를 입었던[22] 동유럽 국가들은 미국의 제안을 받아들이고 싶어했다. 그러나 냉전이 시작되던 이 시기에 소련은 동유럽 국가들로 하여금 미국의 제안을 거부하게 했다.

소련 지도부는 사회주의 진영이 내부 결속을 다져, 세계 공산주의의 심장부(소련)를 보호하는 것이 그 부품(동유럽 국가)들을 지키는 것보다 우선이라는 입장을 내세웠다. 또한 같은 해 9월 코민포름(Communist Information Bureau) 성명을 통해, 소련은 '사회주의로 이르는 길'은 누구의 길이 됐든 모스크바를 거쳐야 한다고 못 박았다.[23]

1948년 유고슬라비아의 동구권 진영 축출도 동유럽 국가들에게 충격을 주는 사건이었다. 소련군의 도움 없이 집권한 유고슬라비아 공산당은 소련이 전후 군사고문단의 파견부터 그리스 내전 개입에 이르기까지 사사건건 내정에 간섭하려 들자, 이를 거부하며 독자적으로 행동했다. 당시 유고슬라비아 대통령이던 티토는 자국의 입장을 "우리가 사회주의 조국 소련을 얼마나 사랑하든 간에, 우리의 조국을 덜 사랑할 수는 없다"는 말로 표현했다.[24] 그러자 1948년 2월 소련은 유고슬라비아를 소비에트 진영에서 축출했다.

1953년 소련에서 스탈린이 사망하고 흐루쇼프(Nikita Khrushchev)가 집권하면서, 동유럽 정세는 다시 한 번 출렁거렸다. 흐루쇼프는 탈스탈린화를 기조로 하는 개혁정책을 발표하여 체제 수행 능력을 향상시키고자 했다. 흐루쇼프는 스탈린의 행정주의식 계획경제, 즉 권력의 과도한 중앙집중, 강압, 두려움에 기반을 둔 계획경제 운영으로는 경제성장을 이룩하거나 체제 역동성을 갖추기 어렵다고 판단했다. 흐루쇼프는 전임자 스탈린의 이념과 명성을 해체해야 소비에트 체제를 재조직할 수 있다고 생각했다. 그리하여 당내 강경파를 스탈린의 공범으로 만들어, 스탈린주의자들의 정통성과 신뢰도를 떨어뜨리고 개혁파로 세력을 교체하고자 했다.

탈스탈린주의 개혁은 소련의 내부 사정에 의해 시작된 개혁이었지만, 동유럽에도 큰 파장을 미쳤다.[25] 흐루쇼프는 그동안의 교조주의적 입장에서 벗어나, 동유럽 국가들도 개혁에 동참할 것을 요구했다. 1956년 2월에 열린 20차 소련 공산당 전당대회에서 흐루쇼프는 사회주의 발전의 경로와 형태를 결정하는 데 있어서 소련의 관점만을 강요하지는 않을 것이며, 동유럽 국가들의 자율성을 확보해주겠다는 뜻을 분명히 밝혔다.

> 사회주의는 민족적 차이와 특수성을 지우는 것이 아니라, 반대로 민족·국민의 경제·문화의 전방위적 발전과 번영을 확보해줍니다. 그러므로 우리의 의무는 특수성과 차이를 무시하는 것이 아니라, 경제·문화 건설을 지휘하는 데 있어서 우리가 행하는 모든 일에 최대한 관심을 기울여야 합니다.[26]

흐루쇼프의 노선 선회는, 그동안 사회주의 진영에서 고립시켰던 유고슬라비아와의 관계 개선 시도를 통해서도 다시 한 번 확인되었다. 1956년 6월, 흐루쇼프는 티토와 만난 자리에서 '사회주의 발전의 경로와 형태를 결정하는 데 있어서, 어느 쪽도 자신의 관점을 부과해서는 안 된다'라고 언급했다.[27] 소련은 사회주의에 이르는 동유럽의 독

자적인 노선 추구를 허용할 것임을 분명히 밝혔다.[28]

그러나 곧 흐루쇼프의 동유럽의 독자적인 노선 추구 허용이 허울에 불과한 것임이 드러났다. 흐루쇼프의 개혁노선은 소련의 제국주의를 완전히 탈각시킨 것은 아니었으며, 이를 폴란드와 헝가리의 개혁 시도에 대한 대응을 통해 여실히 드러냈다.

탈스탈린주의 개혁 시도

소련의 개혁 촉구는 그동안 모스크바보다 더 보수적인 행태를 보였던 동유럽 공산당 사이에서 파장을 불러왔다. 그러나 대응 방식은 나라마다 달랐다. 폴란드와 헝가리는 제일 먼저 나서서 탈스탈린화 정책을 수용했다. 체코슬로바키아는 1960년대에 들어서야 탈스탈린주의 노선으로 갈아타고자 했다.

반면 루마니아, 불가리아, 알바니아에서는 스탈린주의를 고수했다. 스탈린주의와 탈스탈린주의 중 어떤 노선을 선택하든, 소련의 통제가 느슨해진 상황에서 소련의 개입으로부터 벗어나 독자적인 사회주의 노선을 가고자 하는 동유럽 국가들의 욕구는 더욱 커졌다. 동유럽 각국에서는 '사회주의 애국주의'를 기조로 하는 슬로건이 채택되었다.[29]

사회주의 모국인 소련에서의 스탈린 격하운동은 동유럽 사회에서 개혁 요구가 분출되는 계기가 되었다. 혁명은 지속적인 억압과 착취가 이뤄질 때보다 착취적 정권이 스스로 개혁을 시작할 때 시작된다는 법칙이 동유럽과 소련 간의 관계에서도 예외 없음이 증명되었다.[30]

위로부터는 공산당 내 파벌싸움에서 '티토주의자'라고 비판을 받으며 수세에 몰렸던 개혁파들이 반격에 나섰고, 아래로부터는 그동안 스탈린 체제의 과도함에 불만을 품고 있던 민중이 대규모 반대시위를 벌였다.

동유럽 공산당은 나라마다 모스크바 출신의 스탈린파와 토종 민족 공산주의자파로 나뉘어 있었다. 스탈린파는 2차 세계대전 동안 모스크바로 망명했던 사회주의자들로, 종전 후 소련군을 따라 들어와 당내 권력투쟁에서 승기를 잡았다.[31] 민족 공산주의자들은 토종 사회주의자들로 2차 세계대전 동안 조국을 지키고 있었으나 권력다툼에서 밀려나 있었다.[32]

하지만 스탈린이 건재하는 동안 당내 패권을 장악하고 있던 모스크바파의 국내 권력기반도 소련의 스탈린 격하운동과 함께 흔들리기 시작했다.

가장 먼저 시위의 물꼬를 튼 것은 폴란드였다. 1956년 3월 폴란드에서는 모스크바파 비에루트(Bolesław Bierut) 총리가 사망한 후 다시 친소련 성향의 오하프가 당서기장으로 취임했다. 이는 개혁에 기대를 걸고 있던 당내 개혁파의 반발과 대중의 분노를 샀고, 1956년 6월 서부의 포즈난에서 5만 명이 참여한 대규모 시위가 일어났다.

포즈난은 바르샤바 서쪽의 산업 중심지로, 물가 인상과 노동 할당량 증가에 반발한 노동자들이 중심이 되어 폭동을 일으켰다. 시위대는 "국민의 지지를 받을 수 있는 유일한 길은 실용적인 공산주의 정책이며, 민족 정서와 감

수성을 고려해야 한다"는 명백한 메시지를 공산당 지도부를 향해 던졌다.[33]

그해 10월, 1948년에 숙청당했던 개혁파 브와디스와프 고무우카(Władysław Gomułka)가 복권되면서, 폴란드 봉기는 진정 국면에 들어섰다. 1957년 1월 선거에서 고무우카는 94.3퍼센트의 득표율로 압도적 승리를 거두자마자 가장 먼저 흐루쇼프를 설득하는 데 나섰다. 그리고 폴란드의 공산주의에 대한 헌신을 강조하고 소련의 영향력에 대한 절대적인 인정을 내세워 그를 설득하는 데 성공했다.

폴란드가 이후 일련의 탈스탈린주의 개혁을 비교적 순조롭게 추진할 수 있었던 것은 자신들의 개혁이 동유럽 사회주의 진영의 안정을 해치거나 소련의 패권을 위협하지 않을 것이라고 소련을 안심시켰기 때문이다.

일단 안전조치를 취한 고무우카는 폴란드 국민에게 "폴란드 사회주의는 사회주의 제도이지만, 동시에 폴란드 제도이기도 하다"라는 입장을 분명히 밝히며,[34] 3년간 가택연금 상태에 있던 비신스키 대주교를 석방하여 앙숙관계였던 가톨릭교회와 화해하고, 소련군 출신의 국방부 장관 (로코솝스키)을 해임하고 폴란드인(스피할스키)을 새로운 국방부 장관으로 임명함으로써 자신의 발언을 실천으로 보여주었다.

신임 국방부 장관은 소련과 협상하여 바르샤바에 주둔하던 소련 군대를 철수시켰다. 폴란드 공산당은 국민에게 공포의 대상이었던 공안위원회를 해체하고, 반발이 심했던 집단농장의 80퍼센트를 해체했다. 폴란드 정부는 또한 예술 표현과 언론의 자유를 상당 부분 인정했다. 시위대가 포즈난 경찰서를 공격하며 '러시아인은 물러가라'고 외쳤지만, 그 이상의 민족주의 표출은 없었다. 폴란드 국민도 자신들이 성취한 개혁 성과가 소비에트 체제 내에서 얻어낼 수 있는 최대한이며, 유일한 대안이라는 점을 인식하고 있었다.[35] 이로써 폴란드 개혁파와 흐루쇼프의 탈스탈린주의 개혁 추동은 합의점을 찾은 듯 보였다.

그러나 폴란드 봉기 직후인 1956년 10월에 발생한 헝가리 봉기는 개혁의 평화로운 성취로 나아가지 못했다. 헝가리 공산당 내 개혁파 정치인들과 지식인들이 선도하여 반정부 봉기를 조직했다. 7월에 개혁파 정치인들은 스탈린식 공포정치에 환멸을 느끼고, 이에 책임을 물어 강경파 총리 라코시(Mátyás Rákosi)를 내쫓으려 했다.[36] 그리고 이들은 1953년 총리에 임명되었으나 개혁을 시도하기도 전에 강경파 추종자들에 의해 출당된 임레 나지(Imre Nagy)를 총리로 복권시키고자 했다.

그러나 소련은 라코시 대신에 또 다른 스탈린주의자 에르뇌 게뢰(Ernő Gerő)를 총리 자리에 앉혔다. 이에 반발하여 10월 5일과 23일에 20만 명이 대규모 시위를 벌였다. 폴란드 사태의 해결에 고무된 헝가리 시위대는 정치적 자유화, 비밀경찰 해체, 소련 군대 철수 등을 주장했다.

폴란드 봉기와 비교할 때, 헝가리 봉기는 처음부터 내용도 형식도 민족주의적이었다. 개혁파 지도부는 헝가리 민족의 이해관계를 제한하거나 위반하는 어떤 것도 거부한다고 밝혔으며, 시위대도 명시적으로 민족주의적인 일련의 요구를 내걸었다.

그 외에도 시위대는 1948년 '부르주아 민족주의자'로 몰려 숙청당한 외무부 장관 라슬로(László Bárdossy)의 복권과 장례식, 1949년에 도입된 헝가리 3색기 가운데 있는 소련 문장(紋章) 제거와 1848년 민족혁명 문장 재배치, 1848년 혁명 기념일인 3월 15일의 공휴일 제정 등을 요구했다.

헝가리 시위대의 요구는 헝가리 역사의 소중한 민족주의적 가치와 현재 헝가리 공산당이 추구하는 스탈린식 사회주의 사이에 커다란 괴리가 있음을 상기시키며, 헝가리 민족주의를 분출시켰다. 헝가리 시위대가 이렇게 강경했던 것은 반공주의를 내세우는 미국과 서구가 자신들의 반소련적인 민족주의 요구를 지원해줄 것이라는 기대가 있었기 때문이다.

그러나 이는 판단 착오였다. 서구는 헝가리 사태에 개입할 의사가 전혀 없었다. 헝가리 시위대의 요구가 점점 더 대담해지자 일단 철수했던 소련군은 11월 4일에 다시 돌아와 무력으로 시위를 진압했다. 이로 인해 1만 명 이상이 사망했으며, 20만 명이 오스트리아로 망명했다.

소련은 또한 스탈린 정권 때 투옥됐던 공산당 서기장 카다르 야노시(Kádár János)를 복권시켜 권좌에 앉혔다. 나지와 다른 개혁파 지도자들은 루마니아로 피신했으나 납치되어 1958년에 처형되었다.

헝가리 혁명 진압은 개혁파의 요구가 좌절됐음을 의미하는 동시에 흐루쇼프 개혁정책의 한계와 모순을 그대로 드러내는 것이었다. 흐루쇼프는 개혁을 표방했지만 제국주의 정책 기조를 버린 것은 아니었다. 1957년 10월, 혁명 40주년 기념식에서 흐루쇼프 서기장은 '사회주의로 향하는 대안적 경로'라는 개념을 철회하며, 동유럽 국가들이 사회주의를 '단독으로' 뿔뿔이 '흩어진 채' 각기 다른 경로로 건설하려 한다고 비판했다.[37]

체코슬로바키아는 폴란드와 헝가리에서 개혁의 진통이 지나간 뒤인 1960년대에 개혁 드라이브에 시동을 걸었다. 1960년대 초까지 체코슬로바키아 공산당은 여전히 스탈린주의자들이 장악하고 있었다. 당내 입지가 확고했던 체코슬로바키아의 강경파 스탈린주의자들은 흐루쇼프의 탈스탈린화 정책에도 별다른 반응을 보이지 않고 스탈린주의 정책을 고수해나갔다.

그러나 1962년에 경기가 침체되면서 기술 후진성, 왜곡된 생산 구조, 자원 낭비, 노동 생산성 하락, 인플레이션 압박 같은 각종 문제가 표면으로 떠올랐다.

이에 다음 4차 경제계획(1966~1970)을 기획하면서, 안토닌 노보트니(Antonín Josef Novotný) 서기장은 경제 활성화와 시장 대응력을 키우기 위해 일부 경제 기능의 분권화를 추진했다. 그런데 사회주의 국가의 특성상 국가 경제 자유화는 정치제도의 혁신 없이 시도될 수 없었다. 기회를 잡은 개혁파는 '인간의 얼굴을 한 사회주의'라는 모토 아래 정치개혁을 단행하여 더 자유롭고 번영된 사회주의를 이룩할 것을 주장했다. 이는 1948년 인위적으로 소련에 의해 부과된 모델을 따라 만들어진 정치·경제·사회 등의 제반 구조를 재형성하겠다는 의지의 천명이었다.

개혁파의 요구에 힘입어 예술가, 인텔리겐차, 기자 등 다양한 계층의 사람들이 자유화 바람을 타고 기존의 정치 표현의 한계를 넓히고자 했다. 1964년 노동절, 그리고 1967년 10월에 대규모 반정부 시위가 조직되어 '민족과 인간의 관심사를 고려하는' 유형의 사회주의 개혁을 추진할 것을 요구했다.

1968년 1월, 개혁파 알렉산드르 둡체크가 당서기장이 되면서 개혁은 속도를 내기 시작했다('프라하의 봄'). 1968년 4월, 개혁파는 아래로부터의 개혁 요구를 공산당 행동 강령에도 반영하여 "사회주의 국가의 민주주의 규칙이라는 틀 안에서 공산당은 국민 다수의 정당 노선에 대한 지지를 자발적으로 확보할 수 있도록 노력해야 한다"라고 천명했다.[38] 8월에 열린 14차 전당대회에서 체코슬로바키아 공산당은 개정된 당 법령을 승인하고 새로 신설되는 정치국과 중앙위원회 인선 준비에 들어갔다.

그런데 1964년에 흐루쇼프에 뒤이어 소련의 서기장이 된 브레즈네프는 "한 사회주의 국가의 발전은 다른 사회주의 국가 및 국제 공산주의 운동의 이익과 충돌하지 않는 범위에서만 보장된다"라는 제한 주권론을 발표했다. 그러면서 동유럽권 사회주의 진영 내에서의 지나치게 많은 개혁 실험은 소련의 이념적·전략적 이해관계를 위협하므로 앞으로 허용하지 않을 것이라고 선언했다.[39]

이런 상황에서 체코슬로바키아의 개혁 움직임이 일어나자, 이를 민족주의 표출이라고 판단한 소련 지도부는 8월 24일 전당대회가 열리기 전에 바르샤바조약군을 동원하여 무력으로 진압했다. 둡체크는 축출되었으며 다시 보수주의자인 구스타브 후사크가 집권하여 개혁파를 숙청하고 소련의 지시하에 이른바 '정상화'를 이끌었다.

이처럼 1956년 스탈린 격하운동으로 시작된 개혁 요구는 '프라하의 봄'을 끝으로 정점을 찍었고, 그 이후부터 동유럽 국가들은 침묵하게 되었다. 소비에트 체제 내에서 동유럽 국가들의 정치개혁은 불가능한 것임을 당 지도부와 국민 모두 확인했던 것이다. 그 이후 동유럽 정치는 정치적 변화와 개혁을 통한 생동감을 상실한 채 기형적 형태로 전개되었다. 폴란드와 헝가리에서는 정치개혁을 밀어둔 채 경제개혁에만 초점을 맞추고자 했다.

특히 헝가리는 카다르 정권 체제에서 경제 분권화, 부분적 시장화 도입, 소박한 수준의 사유재산 허용, 상대적으로 높은 인권을 보장하는 등 동유럽에서 가장 자유롭고 부유한 나라로 변화해갔다. 소련에 대항하여 처절하게 싸운 대가로 자율권을 획득하게 된 셈이다.

그러나 정치개혁이 빠지면서 왜곡된 근대화의 문제는 계속 동유럽 사회의 발목을 잡는 걸림돌이 되었다.

스탈린주의 고수

한편 다른 동유럽 국가들이 개혁 요구로 들끓는 동안 불가리아와 루마니아는 상대적으로 조용했다.[40] 위로부터의 개혁 요구도 특별히 없었으며, 아래로부터의 공산당에 대한 불만도 분출되지 않았다. 흐루쇼프의 탈스탈린화 선언에도 불구하고 루마니아와 불가리아는 스탈린주의를 고수하는 쪽으로 나아갔다.

특히 루마니아는 소련발 개혁 요구에 대해 강한 거부감

을 드러냈는데, 여기에는 흐루쇼프의 소비에트 진영 내 초
국가적 경제 분권화 정책에 대한 반발이 크게 작용했다.

1956년 흐루쇼프는 1949년에 수립됐으나 별로 한 일이
없는 경제상호원조기구 코메콘(Council for Mutual Economic
Assistance: COMECON)을 활성화하여, 동유럽 진영 전체를
총괄하는 초국가적 경제계획을 운영하겠다고 발표했다.
폴란드와 헝가리 봉기의 열기가 잦아들자, 흐루쇼프는 소
련이 위성국가들의 요구에 관심을 가지고 있음을 보여줄
필요가 있다고 생각했다.[41] 또한 동유럽 경제를 발전시켜
소비에트 진영 내 불평등이 제거되고 나면 동유럽 각국에
서도 민족주의를 초월한 새로운 사회주의 의식이 나타날
것으로 기대했다.[42]

소련의 초국가적 경제운영 계획은 동유럽 사회주의 국
가들이 민족국가 단위로 경제 발전을 추진하는 국내 우선
주의(domesticism)의 자립경제 욕구와 충돌하는 것이었다.[43]
동유럽 국가 사람들이 소비에트 체제에 거는 기대가 있다
면, 그것은 바로 소련과 같이 빠른 산업화와 근대화를 달

성하여 부강한 국가로 도약하는 것이었다. 그러므로 동유럽 사회주의-민족국가 건설에 있어, 민족국가 단위의 경제 개발은 중요한 비중을 차지했다.

동유럽 사회는 전후 많은 경제적·사회적 문제에 직면해 있었다. 체코슬로바키아 외에는 대부분 농업사회였던 동유럽 국가들은 전간기 농촌의 인구 과잉, 빈곤, 제조 물자의 부족 같은 문제를 안고 있었다. 그러므로 공산주의자들은 자신의 세대부터는 가난과 후진성에서 벗어나야 한다는, 강박관념에 가까운 신념을 갖고 있었다.[44] 무엇보다도 빠르게 증가하는 인구수에 맞춰, 산업화를 통해 일자리를 창출하여 실업 문제의 압박에서 벗어나야 했다.

이런 의도를 가지고 1940년대 말부터 1960년대 초반까지 동유럽 국가들은 노동, 자본, 에너지, 원자재를 최대한 동원하여 대규모 산업화, 공공사업, 농업의 기계화를 추진했다. 전간기 불가리아 국민소득의 24퍼센트를 차지하던 산업생산은 1952년 47퍼센트로 증가했고, 다른 동유럽 국가들도 이와 비슷한 상황이었다.

산업화가 시대적 요청으로 인식되는 마당에, 흐루쇼프는 사회주의 진영 내 경제 분업계획에서 루마니아를 농업국가로 할당했다. 소비에트 분업계획에 따라 루마니아는 식품, 원자재, 에너지 등 원자재 수출 국가로 특화되었고, 반면 체코슬로바키아, 폴란드 등은 산업생산국으로 분류되었다.[45]

루마니아는 소련에 갖고 있던 기존의 불만까지 더해 이같은 분업계획에 대해 반대했다. 루마니아에서는 전후 많은 전쟁 보상금을 소련에 지불했고, 소련과 세운 합동회사 소브롬(SovRoms, 1945~1956)을 통해 착취당하고 있다는 불만이 팽배해 있었다. 루마니아는 경제상호원조회의(COMECON)를 위한 석유, 석유화학, 농업 담당자가 될 생각이 없었다.

게오르게 게오르기우-데지(Gheorghe Gheorghiu-Dej) 서기장은 과거에도 착취당해왔고, 앞으로도 착취당할 것이라고 판단하여 소련에 반기를 들었다.

민족경제의 계획된 관리는 사회주의 국가 주권의 기본적이고 본질적이며 양도할 수 없는 속성이다. 국가 계획은 사회주의 국가가 정치적·사회적·경제적 목적을 달성하고, 민족경제의 방향과 속도를 설정하고, 국민의 생활수준과 문화수준을 향상시키기 위한 근본적 비율과 축적 조치를 정하는 주요 수단이다. 사회주의 국가의 주권은 이런 속성들을 실질적으로 실행하기 위한 수단을 효율적으로 최대한 이용할 수 있도록 해주는 것이 필요하다.[46]

사회주의 체제의 중심부 입장에서 동유럽 민족주의를 억압하던 소련을 거부하고, 루마니아는 국내 민족주의를 기반으로 해서 소련을 비판하며 반기를 들었다. 루마니아는 보란 듯이 고속 산업화를 통한 자립경제 건설을 밀어붙였다. 루마니아는 소련과 체코 같은 진영 내 다른 철강 생산국의 저항에도 불구하고, 1960년 3차 경제계획에서 대규모 철강공장 수립 계획을 발표했다.[47] 루마니아는 민족 주권과 독립, 내정 불간섭의 원칙을 내세우며, 다른 사회주의 국가들과 평등한 관계하에서만 협동할 것이라고 주장했다.

이후 루마니아는 소비에트 진영 내에서 어느 나라보다도 강력한 '민족 공산주의(national communism)' 정책을 밀고 나갔다. 1965년 게오르기우데지를 승계하여 집권한 차우셰스쿠(Nicolae Ceaușescu)는 당 명칭을 '루마니아 공산당'으로 개명하여, '민족당'으로서의 성격을 강화했다.[48]

3. 사회주의 정체기(1968~1989):
실패로 끝난 사회주의 사회계약

—

1968년 '프라하의 봄' 실패 이후 동유럽 사회주의 체제는 3단계 정체기(1968~1989) 국면을 맞이했다. 동유럽 공산당은 1956년 이후 탈스탈린 개혁을 통해 각국에서 이룩한 체제 변화를 표면효과라고 일축하면서, 원점으로 돌아가 스탈린 체제의 지속성이라는 관점에서 사회주의 체제를 운영하기 시작했다. 그러나 완전한 과거로의 회귀는 아니었다. 정치적 억압이라는 면에서는 비슷했지만, 그럼에도 체제 1기의 스탈린주의 국정 운영과는 달랐다. 이른바 동유럽 공산정권과 국민들 사이에 일종의 암묵적 사회계약이 성립된 '포스트전체주의(post-totalitarian)' 시대로 이해해볼 수 있다.[49]

일련의 개혁 실패를 통해, 동유럽 정치 엘리트나 국민은 너 나 할 것 없이 정치개혁의 가능성이 없음을 절감하

게 되었고, 이에 대한 반동으로 경제적으로 안락한 개인
의 사적 공간에만 관심을 쏟는 왜곡된 형태의 생활양식
이 자리 잡게 되었다.[50] 체코슬로바키아의 반체제 인사인
바츨라프 하벨(Václav Havel)은 '포스트전체주의'의 특성을
다음과 같이 밝히고 있다.

> 우리의 체제는 빈번히 독재체제, 혹은 좀 더 정확히 말해
> 관료들이 사회 위에 군림하는 독재체제로 특징지어진다.
> 나는 '독재'라는 용어가 이 체제의 본성을 분명히 드러내
> 기보다는 흐리게 하는 경향이 있어 염려스럽다. 포스트전
> 체주의 체제는 독재와 소비사회가 역사적으로 조우함으
> 로써 그 근간 위에 세워진 것이다.[51]

즉 정치개혁이 불가능한 현실여건에서, 국민의 정치적
침묵과 순응을 대가로 경제적 풍요를 제공하는 지배와 피
지배의 관계가 성립된 것이다. 이 새로운 유형의 관계 속
에서 소비주의는 그 어느 때보다도 중요성을 띠게 되었다.

흔히 동유럽의 계획경제를 평가할 때 '부족의 경제'와 동의어로 인식될 정도로 물자의 부족이 강조되지만, 이는 주로 1980년대 정권 말기에 해당하는 이야기다. 국민의 소비 욕구를 충족시켜주는 것의 중요성은 일찌감치 1950년대부터 부상했다. 사회주의 체제 1단계 수립기의 과도한 중공업 우선 정책에 대한 반발이 1953년부터 동유럽 전역에서 불거져나왔고, 이에 동유럽 공산당은 소비의 중요성을 인식하여 정책에 적극적으로 반영했다.

소비주의는 '사회주의 혁명'의 달성을 위해 밀어두어야 할 미래의 목표가 아니라 바로 지금 충족해야 할 일상생활의 필요로 인식되었다. 이에 따라 동유럽에서는 상대적으로 부유한 헝가리, 체코슬로바키아, 폴란드, 유고슬라비아를 중심으로 소비사회가 새롭게 형성되기 시작했다.[52]

소비주의 정책의 중요성은 개혁기 일련의 대중봉기 진압 이후 더욱 커졌다. 폴란드와 헝가리는 1956년 민중봉기 이후 대중의 소비욕구를 충족시키는 것에 경제정책의 우선순위를 두기 시작했다. 개혁 요구가 소련에 의해 좌절되는 것을 지켜본 이후 사회주의 정권이 국민의 삶을 상대적으로 편안하게 해주는 정책의 중요성은 그 어느 때보다 커졌다.

헝가리의 '굴라시 공산주의(goulash communism)'가 가장 대표적이지만, 동유럽에서 상대적으로 부유한 다른 나라에서도 비슷한 현상이 나타났다. 사회주의 정권은 주요 상품의 가격(특히 고기와 유제품)을 낮게 책정하여 대중의 소비욕구를 충족시켜주었고, 그 반대급부로 대중은 정치적으로 침묵하고 순응했다.

동유럽 사회가 공적 영역에서의 개혁 좌절에 따라 '집단적 체념'의 분위기가 만연했다면, 경제적으로 개인은 역사상 그 어느 때보다 향상된 생활수준을 즐기는 굴절된 사회관계가 형성되었다. 동유럽 사람들은 자신들이 아무것도 할 수 없는 부조리한 정치현실에 대해서는 무관심해지는 반면, 그래도 뭔가를 할 수 있는 사적 공간에서 대리만족과 작은 평화를 찾고자 했다.[53]

경제성장에 힘입어 1960년대 말이 되면 생활수준이 역사상 최고 수준에 이르러, 침대 하나를 두세 명이 나눠 쓰던 농부의 자식들은 대학을 가고, 도시에 직장을 얻어 텔레비전과 전화, 냉장고를 갖춘 아파트에 살며, 슈퍼마켓에서 장을 보는 현대적 삶의 방식을 즐겼다.

1970년대 초반에는 동유럽 국가들이 자동차를 대량생산하게 되어, '피아트-폴란드 애국주의(Fiat-Polski patriotyzm)'라는 신조어가 시대적 상징이 되었다. 동유럽 국가 중 가장 먼저 소비정책을 진작시켰던 유고슬라비아에서는 '푸조-아지(자동차 브랜드 푸조와 부르주아지의 합성어)'라 불리는 부유한 중산층이 탄생했다. 결혼한 부부들은 '아이를 가질 것이냐' 아니면 '차를 살 것이냐'를 놓고 고민하기도 하고, 차를 사서 주말에 '마이카'로 여행을 떠나는 사람이 늘었다.[54] 또한 동유럽 사람들은 시골에 전원주택을 짓거나 아파트 근처의 작은 땅에서 정원을 가꾸는 취미 활동에 몰입했다. 이는 도시화에 따른 현상과 여가를 증진시키려는 정부 정책 등이 복합적으로 작용한 결과였다.

그러나 국민의 소비욕구 충족을 바탕으로 한 사회계약

은 1973년 석유파동으로 그나마도 난조를 겪게 되었다. 석유파동 이후 세계경제는 침체기에 들어갔고, 동유럽도 심각한 타격을 입었다. 동유럽 사회주의 국가들은 자급자족 경제 구축에 집착하여 중공업 육성에 사력을 다해왔다. 그러나 이는 1930년대 경제 문제를 염두에 두고 기획된 대처 방식으로, 급변하는 20세기 후반 후기 산업사회의 상황에 효율적으로 대처하기에는 비효율적이었다. 무엇보다도 국가가 육성하고 주도하는 노동집약적 산업은 급변하는 서구 자본주의 국가들과 경쟁이 되지 않았다.

석유파동 이후 동유럽 사회주의 정권은 국민의 소비욕구를 충족시키기 위해 소련과 서구에서 외채를 빌려왔다. 그러나 1980년대 들어서면서 누적된 외채 부담으로 '빚으로 메우는' 사회주의식 소비주의는 더 이상 여의치 않게 되었다.

동유럽의 각국 정부는 긴축정책을 도입했지만, 이는 암묵적 사회계약의 파기였기 때문에 대중이 용납하지 않았다. 긴축은 폴란드의 경우처럼 대규모 시위를 촉발했다.

1970년 12월 폴란드의 기에레크 정부가 고기와 유제품 가격을 20퍼센트 인상하자, 온 국민이 들고일어났다. 사회주의 정권이 국민과 암묵적으로 맺은 사회계약, 즉 정치적 침묵 대신 소비욕구를 충족시켜주는 계약을 이행하지 못했기 때문이다.

더군다나 폴란드 노동자당(Polska Zjednoczona Partia Robotnicza)이 폴란드 노동자들을 무력으로 진압함으로써 국민들로부터 불신임을 당할 처지에 놓이게 되었다. 이러한 위기 상황은 임금을 동결하고 물가를 인상하고자 할 때마다(1976, 1980) 반복적으로 되풀이되었고, 바웬사가 이끄는 연대노조(Solidarnosc)가 조직된 것도 이런 사회적 맥락에서였다. 1981년 12월 급기야 폴란드 공산당은 계엄령을 선포했다.

한편 루마니아에서는 독재자 차우셰스쿠가 비밀경찰을 동원하여, 강제로 자국민의 생활수준을 크게 낮추고, 여기서 나온 자금으로 외채를 상환하는 극약처방을 썼다.

사회주의 체제는 점점 더 비상수단에 의존하지 않으면

가동되지 않을 정도로 위기에 처했다. 포스트전체주의 체제는 강건하지 못했지만 그래도 계속 유지는 되었으나, 이제는 유지조차 힘들게 되었다.

정체기에도 동유럽의 각국 공산당은 여전히 '민족 수호자' 역할을 자처하며 민족주의 강화 정책을 폈지만 별 효과를 거두지 못했다. 폴란드에서는 야루젤스키 사령관이 "우리가 살아 있는 한 폴란드는 사라지지 않는다"라며 2차 세계대전 중 망명정부 사령관을 맡았던 시코르스키의 유해를 영국에서부터 송환해오는 등 민족주의 카드를 내밀었지만 국민들의 호응을 얻지는 못했다.

헝가리에서는 1976년, 오스만 제국에 저항했던 모하치 전투 250주년 기념식을 성대하게 치렀으며, 1978년에는 2차 세계대전 때 미국으로 보냈던 국보급 보물 성 슈테판의 왕관을 본국으로 가져오게 했다. 그러나 소련의 압력으로 인해 자민족의 이익을 제대로 충족시키지 못하는 무능력한 동유럽 공산당의 민족 정통성 주장은 대중의 공감을 얻지 못했다.

시간이 흐를수록 지배 엘리트조차 자신들이 계속 체제를 운영할 수 있을지에 대한 자신감을 잃어갔다.[55] 사회주의 정권과 국민 간의 계약은 파기되었다.

1980년대를 기점으로 동유럽 공산정권의 두 가지 축은 더 이상 기능할 수 없을 정도로 무너져내렸다. 1968년 이후 동유럽 공산당 정권을 지탱해준 것은 민족 정통성 대신 국민과의 '사회계약'이었다. 그러나 1973년 석유파동 이후 외채에 의존하여 국민에게 경제적 재화를 공급하던 정책도 위기를 맞아, 식료품마저 공급이 안 될 정도로 사회주의 경제는 파산 상태에 직면했다. 동유럽 국민들의 불만은 하루가 다르게 고조되었다.

이런 혼란 속에서 1986년 소련에서 터져 나온 동유럽 개입 중단 선언은 동유럽 공산당 지도자들에게 마른하늘에 날벼락 같은 소식이었다. 1985년 소련 공산당 서기장으로 취임한 미하일 고르바초프는 더 이상 무력으로 동유럽에 개입하지 않겠다는 '시나트라 독트린'을 선언했다. 동유럽 공산당의 정치력이 소련의 무력 개입 없이도 유지

될 수 있을 만큼 강력하지 않은 상태에서, 고르바초프의 발언은 폭탄선언이나 다름없었다.

제일 먼저 항복한 것은 폴란드 공산당이었다. 폴란드 공산당은 자유노조와의 원탁회의를 소집하여 자유선거를 통해 자유노조에 정권을 넘겨주었다.

폴란드에 이어 1989년 6월 헝가리 공산당도 원탁회의를 소집하여 협상한 '민주주의 패키지(democracy package)'에 따라 의회선거를 실시하여, 10월 23일 '헝가리공화국'의 새로운 탄생을 선포했다.

체코슬로바키아에서는 10월 17일부터 20일까지 대규모 반정부 시위가 일어났다. 공산당은 처음엔 이를 진압하려 했으나 시위 참가자 수가 50만 명으로 증가하자 진압을 포기했다. 체코슬로바키아 공산당이 11월 24일 사퇴를 선언하면서, 체코슬로바키아는 의회공화국으로 바뀌었다.

루마니아, 불가리아, 알바니아에서도 공산당이 해체되었다. 1989년 10월 불가리아에서 대규모 시위가 발생하자, 불가리아 공산당 내 온건파는 서둘러 35년간 독재 집권한 지브코프를 내치고 의회선거를 열어, 1990년 11월 불가리아 공화국을 선포했다.

1989년 12월 대중저항이 발생하자, 루마니아 비밀경찰은 서둘러 독재자 차우셰스쿠를 처형했다.

알바니아에서는 1990년에 대규모 학생시위가 벌어졌으며, 1991년 3월에 자유선거를 치름으로써 자본주의 체제로 이행하기 시작했다.

4. 유고슬라비아와 체코슬로바키아의 분열

—

1989년 사회주의 체제가 붕괴하면서 동유럽의 두 사회주의 연방국가, 유고슬라비아와 체코슬로바키아는 나라 자체가 붕괴되었다. 1919년 좀 더 효율적인 동유럽 지역의 방어를 위해 몸집을 불려 급조됐던 두 나라는 한 세기가 채 안 돼 체제이행의 압박을 견디지 못하고 무너졌다. 수립 기반이 빈약한, 일종의 '조립 국가'였던 만큼 두 나라에게 체제이행은 감당하기 어려운 도전이었다.

두 나라의 붕괴 원인에 대해서는 여러 논의가 있지만, 여기서는 사회주의 연방제도가 낳은 부수적 부정효과에 주목해보고자 한다. 사회주의 연방제도가 의도치 않게 초래한 부수적 효과 중 하나는 그것이 민족지상주의를 조장하는 제도적 장치가 되었다는 점이다. 사회주의-민족국가 건설 정책에 따라 동유럽 사회에서 유일하게 합법적인 집단 정체성으로 유지된 것이 민족 정체성이었다.

이는 연방의 다양한 정치적 이해관계를 민족 문제로 결집시키는 양상을 초래했다. 공산당 정부의 정책 구상이나 집행에 이의를 제기할 수 있는 유일한 통로가 민족 문제였기에 나타난 결과였다. 민족 집단 간 위계질서를 바탕으로 한 민족지상주의의 조장은 파괴적인 효과를 냈다.

동유럽 공산당의 사회주의-민족국가 건설은 '핵심 민족(core nation)을 위한', '핵심 민족에 의한' 통합정책의 성격이 강했다.[56] 동유럽 공산당은 여러 민족 집단 간에 엄격한 위계질서를 부여하여, 핵심 민족과 비핵심 민족으로 나누고, 이들 사이에 차등을 두었다.[57]

핵심 민족은 1등 시민으로 각종 권리를 누리는 반면, 비핵심 민족은 2등 시민으로서 차별과 배제의 대상이 되었다. 핵심 민족은 민족국가의 적법한 소유권을 가진 주인으로서 국가 건설의 주도권을 행사했다. 핵심 민족은 독립되기 전까지 받은 외세 지배로 인해, 아직 확고하지 못한 자신들의 정치적·경제적·문화적 위상을 확고하게 세우고, 발전한 민족국가를 건설하고자 했다. 사회주의 통합 민족국가(국민국가) 건설은 사회의 동질화·균일화를 동반하게 되는데, 이는 통합의 주도권을 가진 핵심 민족의 상징, 역사, 의례 등을 기준으로 삼아 이루어졌다.

다민족국가인 유고슬라비아와 체코슬로바키아의 해체는 제2민족들이 느낀 민족 차별에 대한 피해의식과 맞물려 연방제도가 낳은 민족지상주의의 부작용을 잘 보여준다. 1992년 체코슬로바키아의 해체는, 유고슬라비아의 경우와 마찬가지로, 제2민족인 슬로바키아 민족이 제1민족인 체코 민족에 대해 느끼는 피해의식에 의해 촉발되었다. 즉 비핵심 민족으로 소외되었던 슬로바키아 민족이 핵심 민족 체코인에게 느끼는 차별에 대한 불만이 컸다.

슬로바키아 민족은 1919년 공동 국가 수립 이후 체코 민족에 의해 '내부 식민지' 취급을 받았다고 느꼈고, 이 때문에 슬로바키아는 2차 세계대전의 혼돈 속에서 나치를 등에 업고 독립했었다. 그러다 1946년 코시체 협정(Košice Agreement)을 통해 체코와 슬로바키아 지도자들은 연방 수립을 조건으로 다시 공동 국가를 수립하기로 합의했다.

그러나 체코 지도부는 연방화 약속을 지키지 않았으며, '핵심 민족' 체코인이 주도권을 쥔 채 '체코 민족에 의한, 체코 민족을 위한' 근대화를 추진했다. 체코 공산당 지도부와 노동자, 지식인 들은 자민족이 주도하는 근대화 목표에 지지를 보냈지만, 주변부로 밀려난 슬로바키아 민족의 불만은 계속 쌓여갔다.[58]

슬로바키아 지도부는 1960년대 개혁의 바람이 체코슬로바키아에도 불어오자, 그동안 주변부로 밀려났던 것에 대한 시정을 요구하고 나섰다. '프라하의 봄'은 체코슬로바키아의 개혁 추진이 소련과 충돌하면서 빚어진 운동으로 알려져 있지만, 또 한편으로는 슬로바키아 민족이 체코 공산당 지도부를 상대로 민족주의적 저항을 벌인 사건이기도 했다.

프라하의 봄이 실패로 끝난 후 체코 지도부는 결국 슬로바키아의 요구를 들어주어 1969년에 연방화를 추진했다. 그러나 연방화가 됐다고 해서 슬로바키아의 민족적 요구가 사라진 것은 아니었다. 연방제도하에서도 여전히 이

해관계가 상충했고 민족적인 요구가 분출하면서, 민족지
상주의는 심화되어갔다. 슬로바키아와 체코 지도자는 권
력 분배, 경제 발전 전략, 예산 분배 같은 주요 국정 논의
에서 합의점을 쉽게 찾지 못했다. 슬로바키아 지도자들은
현실사회주의 붕괴 후 더 많은 분권을 요구하던 중 1992
년 7월에 독립을 선언했다. 이로써 체코슬로바키아는 체
코와 슬로바키아로 분리되었다.

유고슬라비아 해체는 기본적으로 체코슬로바키아의 경
우와 비슷하지만, 양상은 훨씬 더 복잡했다. 1945년 전간
기에 이어 두 번째로 유고슬라비아를 수립하면서, 유고슬
라비아 공산당을 이끌던 티토는 서로 총칼을 겨누던 민족
들을 그들이 가진 민족 감정을 부정하면서 규합하여 공
동 국가를 수립하는 것은 불가능하다고 판단했다.

이런 판단에 따라 티토와 각 민족 지도자들은 타협을
통해 민족에게 자치권을 부여하는 조건으로 공동 국가를
수립했다. 합의에 따라 유고슬라비아 연방 내에는 세르비
아 민족의 이름을 딴 세르비아 공화국, 크로아티아 민족

의 이름을 딴 크로아티아 공화국 등 6개 공화국과 2개 자치주가 책정되었다.

티토는 원래 연방에 형식적인 기능만 부여하려는 의도였고, 사회주의가 성숙해짐에 따라 민족 감정도 사라질 것이라고 예상했다.

그러나 1948년 유고슬라비아가 소비에트 진영으로부터 축출되는 예기치 못한 상황이 발생하자, 사방이 적으로 둘러싸이게 된 유고슬라비아의 생존을 위해 티토는 국민 단결을 도모해야 했다. 이를 위해 티토는 각 공화국에 더 많은 권력을 분산했다.

시간이 흐를수록 연방 정책은 민족 간 차이를 헌법에 의해 제도적·구조적으로 보장해주는 제도적 장치가 되었다. 연방제도하에서 각 공화국 지도자는 공화국의 지도자라기보다는 명목상 공화국 자치권을 소유한 민족(titular nation)의 대변자로 바뀌었다.

이에 따라 공화국과 연방정부의 갈등, 혹은 공화국 권력 투쟁은 민족 대 민족 간 투쟁으로 변질되어갔다. 공화국

내에서 주요 권력을 행사하게 된 공화국 지도자들은 자신들 민족의 이름으로 더 많은 권력을 요구하고 나섰다.

연방제의 위험성은 1960년대 말에 터져나온 '크로아티아의 봄'에서 확인되었다. 티토의 원래 의도와 달리 민족주의가 사회주의화되어 사라지는 것이 아니라, 거꾸로 사회주의가 민족주의화되어 사회주의를 옥죄는 효과가 발생했다.

첫 번째 위기는 1964년 경제개혁을 가동하며 터졌다. 다른 동유럽 국가들과 마찬가지로 경제 불황에 직면한 유고슬라비아는 개혁을 통해 해결책을 모색했다. 계획경제의 특성상 경제개혁을 하려면 정치개혁을 할 필요가 있었고, 이 기회를 이용하여 연방 제2민족인 크로아티아는 그동안 쌓인 불만을 터뜨렸다.

그런데 유고슬라비아와 체코슬로바키아의 민족 문제는 비슷하면서도 달랐다. 크로아티아는 자신들은 비핵심 민족으로, 핵심 민족인 세르비아로부터 차별과 불이익을 받는다고 주장했다. 그러나 세르비아 민족은 제1민족이기는 해도 명확히 핵심 민족이라고 할 수도 없었다.

동유럽에서 민족 구성이 제일 복잡한 유고슬라비아에서 세르비아는 제1민족이라고 해도 전체 인구의 36퍼센트에 지나지 않았다. 게다가 티토는 민족주의자가 아니었기에 특정 민족을 선호하지 않았다. 최대 다수의 민족으로서 세르비아의 이점이 없는 것은 아니었으나, 그렇다고 유고슬라비아가 세르비아 민족을 위해, 세르비아 민족에 의해 운영된 것만은 아니었다.

그럼에도 제2민족 크로아티아가 제1민족 세르비아에 느끼는 피해의식은 만만치 않았다. 크로아티아는 표준어 사전의 표기부터 시작하여 외화보유 자율권 행사 등의 다양한 요구를 분출시키며, 더 많은 자치권을 연방정부에 요구하고 나섰다.

그뿐만 아니라 크로아티아 공화국 지도자들은 자신들의 요구를 관철시키기 위해 노골적으로 민족주의를 동원하여 대규모 시위를 일으켰다. 1970년 일부 공화국 지도자들은 유고슬라비아 사회주의 연방 탈퇴라는 극단적인 카드를 내놓았다.

크로아티아 민족주의 분출은 세르비아 민족주의를 자극했고, 그 결과 1960년대 말 순식간에 유고슬라비아 전체가 민족 갈등의 도미노 현상에 휩쓸렸다. 연방 대 크로아티아 공화국 간 권력투쟁으로 시작된 정치적 갈등은 곧 민족 간 투쟁으로 확대되었다. 사태는 연방 통수권자이자 최고 조정자인 티토의 개입으로 끝이 났다. 1971년 민족주의 지도자들의 대대적인 숙청이 유고슬라비아 전역에서 진행되었고, 이후 대대적인 탄압 정책을 통해 사태는 진정되는 듯 보였다.

그러나 1980년대 중반 민족 간 갈등이 다시 불거졌다. 동유럽 공산체제가 붕괴되는 와중에서, 위기에 직면한 공화국 지도자들은 각기 다른 해결책을 내놓으며 충돌했다. 특히 세르비아와 크로아티아 공화국 간의 대립이 첨예해지면서 세르비아는 연방 강화를, 크로아티아는 연방 해체를 주장했다. 이렇게 공화국 간 충돌이 있을 때면 항상 티토가 최종 심판관 역할을 수행했지만, 1980년에 그가 사망한 후에는 그런 역할을 해줄 사람이 없었다. 각 공화국 지도자들은 민족주의를 동원하여 각기 자기들의 입장을 고수할 뿐이었다.

급기야 1991년에 크로아티아와 슬로베니아가 독립을 선언하자, 세르비아는 무력을 동원하여 크로아티아의 독립을 저지하려 했다. 유고슬라비아는 이후 4년 동안 해체 전쟁을 치르며 조각이 났다. 1992년 1월 크로아티아에서 휴전이 선포되었지만, 그해 4월에 전쟁은 다시 보스니아-헤르체고비나로 옮겨갔다. 보스니아에서 전쟁은 3년 6개월 동안 지속되었다. '민족청소'까지 자행된 유고슬라비아 해체 전쟁은 14만 명의 생명을 앗아가고 200만 명의 난민을 양산한 끝에 1995년 11월 데이튼 종전협정 체결로 막을 내렸다.

동유럽의 현실사회주의 붕괴와 함께, 유럽의 20세기는 '사라예보의 총성으로 시작하여 사라예보의 총성으로 끝이 났다'. 한 세기의 처음과 끝에 총성을 울리게 된 데는, 동유럽이라는 공간의 성격이 어떠하든, 피를 흘리고 민족을 청소해서라도 단일 민족국가를 이루고자 한 민족주의 지도자들과 그 지지자들의 맹목성이 주요 원인이 되었다.

그런 면에서 사회주의 위정자들의 책임 또한 크다. 동유럽 공산당이 민족주의를 적극적으로 활용한 사회주의-민족주의라는 두 가지 이념 축에 의해 국가 건설을 도모한 비극적 결과였기 때문이다.

1989년 사회주의라는 한 축이 무너졌을 때, 민족주의가 사회를 지탱하는 유일한 축이 된 것은 당연한 결과였다. 44년 동안 민족주의가 숭고한 이념으로 추구된 공간에서는 당연한 전개였다.

그런 점에서 동유럽 공산당 지도자들은 베르사유 체제가 쳐놓은 민족자결주의라는 그물망에서 한순간도 자유롭지 못했고, 그들이 건설하고자 한 사회주의-민족국가는 사상누각의 실패한 구조물로 끝이 나버렸다.

세 번째 민족국가 건설(1989~)과
극우 민족주의의 도전

1. 체제이행이라는 사기극

—

20세기 두 번의 세계대전, 두 번의 체제이행이라는 혹독한 변화를 겪었던 동유럽 사람들은 21세기를 어떤 모습으로 맞이하고 있을까? 때로는 극단적인 '민족청소'도 마다하지 않으며 수립하고 지키고자 했던 동유럽 민족국가는 체제이행의 격랑 속에서 어떻게 형성되고 있을까?

1989년 이후 지난 27년에 대한 중간평가는 불행히도 기대보다는 우려를 자아낸다. 1990년대 내내 자본주의 체제이행에 따른 다수의 빈곤화와 피폐화가 우려를 자아냈다면, 2000년대는 그에 대한 반동으로 거세지는 우파 포퓰리즘의 높은 파고가 우려를 자아낸다.

동유럽 사람들은 1990년대를 서구가 기획하고 강요한 '충격요법'에 따라, 자본주의 체제로의 급격한 이행을 추진했다. 그러나 '자본주의 부'를 약속했던 체제이행이 다수에게 가져다준 것은 '더 나은 삶'이 아니라 '더 빈곤한 삶'

이었고, 그에 따른 실존적 공포는 엄청났다. 이에 대한 환멸과 반동으로 2000년대 이후 다수의 유권자는 포퓰리즘으로 돌아섰고, 그들의 분노는 국수주의와 제노포비아로 표출되고 있다.

다수의 동유럽 사람들은 자본주의 체제이행이 '일대 사기극'이라고 느낀다. 그들의 입장에서 이 같은 평가는 너무나 당연한 것이다. '자본주의 유토피아'를 실현해줄 요술봉처럼 여겼던 체제이행은 번영은커녕 보통 사람들의 경제적 기반을 뿌리째 흔들어놓는 파괴자로 드러났다. 많은 사람들이 직장에서 쫓겨나고, 월급이 삭감되었으며, 각종 복지혜택이 축소되거나 폐기되었다. 동유럽의 대중은 이런 급격한 변화가 일시적 희생이고, 그 한시적 희생이 끝나면 '더 나은 삶'이라는 밝은 미래가 올 것으로 기대했다.

그러나 희생의 감수는 27년이 지나도록 여전히 끝나지 않고 있다. 그러는 사이 빈곤한 사람의 수는 계속 늘어나고 있다. 전국 평균 수입의 60퍼센트도 안 되는 수입으로 살아가는 사람들이 사회주의 시절에 비해 2~3배로 급증

했다.[1]

헝가리의 경우 전체 인구 980만 명 가운데 빈곤선 이하에서 사는 사람의 수가 1990년대 100만 명에서 2015년 400만 명으로 증가했고, 전기가 공급되지 않는 집에서 사는 사람의 수가 100만 명이 넘는다.[2] 1989년 혁명세대는 자식의 미래를 위해 희생을 감수했건만 이제 자식 세대에까지 빈곤을 물려주어야 한다는 두려움을 느끼고 있다.

더욱 기가 막힌 것은 이 잔인한 삶의 빈곤화가 민주화를 명분으로 실행되었다는 것이다. 신자유주의 구조조정의 실상은 민영화를 통해 자본을 소수 특권층에게 집중시키는 법적·제도적 장치를 마련하는 과정이었음에도, 동유럽에서 이는 민주화라는 이름으로 진행되었다. 그 결과 이제 동유럽 사람들에게 '민주주의'는 자유나 평등을 의미하는 것이 아니라 '실업, 가난, 경제적 계층화'와 동의어가 되어버렸다.[3] '신자유주의'라는 민주주의 파괴자가 민주주의 수호자로 둔갑하면서 생긴 결과였다.

체제이행이 정치·경제·사회적 사기극으로 변질된 데 대

한 책임은 물론 그것을 주도했던 포스트사회주의 신좌파 정치인들과 엘리트들에게 있다. 이들 신여권 정치인들은 '규제받지 않는 자본주의'가 민주주의의 선결조건임을 내세워, 서구에서 밀어붙이는 충격요법을 무비판적으로 동유럽 사회에 이식하기 바빴다. 민주주의를 건설하기 위해서는 '규제로부터의 자유'뿐만 아니라 '빈곤으로부터의 자유'가 필요함에도, 생존을 확보해줄 수 있는 최소한의 사회 복지와 물질적 재분배가 필요하다는 사실에 대한 인식은 없었다.

현실사회주의 시절 동유럽 정치 엘리트들의 인식을 지배했던 절대정신이 '사회주의-국제주의'였다면, 이제 포스트사회주의 엘리트들의 인식을 지배하는 것은 '자유시장'이다.[4] 그 새로운 절대정신이 국민 다수의 삶을 피폐하게 만들고 민주주의 근간을 파괴할 수 있는 요소라는 점에는 관심을 기울이지 않았다.

대신 '동유럽 시장화'의 선봉대를 자임한 동유럽 정치 지도자들은 자신들의 특권을 구축하는 데 여념이 없었다.

1990년대 정치를 번갈아 주도했던 반체제 민주파 출신의 자유주의 정당들(liberal parties)과, 구공산당 출신의 사회민주당 계열 정당들(social democratic parties)은 '엘리트 카르텔'을 형성하여 특권을 구축하기 바빴고, 그 덕분에 소수 엘리트 집단은 '체제이행의 승자'로 부상할 수 있었다. 그러는 사이 다수의 대중은 '체제이행의 패자'로 내몰렸다.[5] '충격요법'으로 많은 사람들이 '먹고살기 힘들다'고 외치며 안정된 경제기반을 만들어줄 것을 간절히 요구했지만, 지도층은 이들의 요구를 '사회주의 체제에 익숙해져 나태해진' 대중의 넋두리라고 일축했다. 민영화에 반대하는 시위가 있을 때마다 집권당의 정치 엘리트들은 '사회주의 시절로 돌아가자는 것이냐?'며 반대 목소리를 시대착오라고 몰아붙였다.

그 결과 동유럽 민주주의 발전은 자유선거와 법 제도 마련 등 '형식적 차원'의 개혁으로 끝났고, 경제 재분배나 제도의 질을 향상시키는 것으로 나아가지 못했다. 현재 포퓰리즘이 동유럽 민주주의 근간을 해친다는 비판을 듣고 있지만, 포퓰리즘 이전에 일차적 책임은 1990년대를 지배했던 자유주의 좌파 정치인들에게서 찾아야 할 것이다.

서유럽에 의한 신식민 지배

동유럽 자유주의 정치 엘리트들과 함께 공동 책임을 져야 하는 것은 서구 기득권 지배층이다. 아니 동유럽 정치인 이상의 책임을 져야 하는 것이 유럽연합과 서구 자본을 비롯한 서구 기득권 세력이다. 왜냐하면 서구 기득권 엘리트들이야말로 '민주화의 도정'이 됐어야 할 동유럽의 체제이행을 '선택권 없는 민주주의(democracies without choices)'로 퇴행시킨 배후세력이기 때문이다.[6]

서구 기득권 세력이 유언·무언의 압력과 영향력을 행사하는 동안, 사실 동유럽에서 누가 집권세력이 되든 정치인들은 포스트사회주의 시대의 정언명령이 되어버린 '체제이행 합의(transition consensus)' 사항을 바꿀 능력도 의향도 없었다.[7]

서구, 특히 서유럽의 기득권 지배세력은 한편으로는 동유럽 사람들에게 유럽연합 가입이 '자본주의 유토피아'행 승차권이라는 환상을 부추기면서, 동유럽의 집권 엘리트로 하여금 서유럽을 모델로 한 민영화, 해외 투자 유치 장려, 재정 균형 유지 등의 조건을 실행하도록 만들었다.

민의를 대변해야 할 동유럽 의회조차 8만 쪽에 달하는 유럽연합 가입법(Acquis Communautaire)을 통과시키는 거수기관으로 변질되어버렸다. 그 결과 유권자들은 아무리 선거를 치러 정치가를 바꿔도 자신들을 빈곤으로 내모는 정책 기조를 바꿀 수는 없었다. 동유럽 사회의 선거는 총선이건 대선이건 그 밥에 그 나물인 '서유럽 자본주의 현지 대리인'을 번갈아가며 뽑는 형식적 절차에 불과했다.

동유럽에서 정치변혁이 유럽연합 가입을 위한 준비 작업으로 변질되는 사이, 서유럽 자본에 의한 동유럽 자본 탈취는 민영화라는 이름으로 가속화되었다. 기간산업, 천연자원, 미디어, 공공 서비스, 은행업 등의 소유권이 독일과 프랑스 등의 다국적기업의 손에 연달아 넘어갔다.

1980년대 영국 대처 총리에 의해 촉발된 서유럽의 신자유주의 공세는 1989년 이후 동유럽으로 방향을 틀어 공세를 이어갔다. 동유럽은 빠르게 다국적기업의 생산기지로 변해갔다. 체제이행 전 서유럽의 주요 산업 생산지는 '블루 바나나(Blue Banana)', 즉 영국의 맨체스터에서 시작해, 네덜란드, 벨기에, 서독, 스위스로 이어지는 서유럽 벨트였다.[8]

체제이행 이후 '블루 바나나'는 동쪽으로 중심축이 이동하여, 남부 독일, 폴란드, 헝가리, 체코, 슬로바키아, 오스트리아, 루마니아를 잇는 '골든 축구공(Golden Football)' 형상으로 바뀌었다. 서구 다국적기업의 투자는 국내 투자가 전무해 사그라질 운명에 처한 동유럽의 낙후된 산업을 활성화하고 일자리를 공급해주었다.

그러나 동시에 기업 소유권이 동유럽에서 서유럽으로 넘어간 것 또한 사실이다. 국부 유출이라는 점에서 당연히 동유럽 사람들의 반감을 촉발했다.[9]

예를 들어 슬로바키아의 경우 독일 회사가 독점하는 자

동차 산업은 전체 슬로바키아 산업생산의 40퍼센트를 차지하는 중요한 경제 분야다. 그러나 자동차 생산에서 나오는 부가가치의 4퍼센트만 슬로바키아에 남고, 나머지는 소유권을 가진 독일 기업으로 들어간다. 경제 발전의 결실이 이렇게 다국적기업에 편중되기 때문에, 시간이 흘러도 동·서유럽 간 임금격차는 줄어들지 않고 있다.

동유럽 노동자는 동일 업종에서 일해도 서유럽의 2분의 1에서 3분의 2 수준의 임금을 받고 있다. 심지어 격차가 더욱 벌어지기도 해서, 2014년 IMF(국제통화기금)는 그 위험성을 알리는 보고서를 발표하기도 했다.[10]

2017년 7월 슬로바키아의 폭스바겐 생산 공장에서 발생했던 파업이 보여주듯,[11] 임금 격차는 서유럽 다국적기업과 동유럽 공장 노동자 사이의 주요 노사 문제가 되고 있다. 또한 동유럽과 서유럽 간의 격차는 사회문제도 낳고 있다.

최근 유럽연합 집행부는 펩시, 코카콜라, 버즈아이(Bird's Eye) 같은 다국적 식품회사들이 동유럽의 소비자들을 속이고 있다는 보고서를 발표하여 논란이 일기도 했다. 보고서는 이들 회사가 같은 브랜드의 상품을 동유럽에서는 함량을 속여 팔고 있음을 비판했다.[12] 같은 생선 통조림이라도 오스트리아에서 팔리는 통조림의 생선 함량이 65퍼센트라면 동유럽 시장에 나가는 통조림의 생선 함량은 48퍼센트이며, 세제도 서유럽 상품에 비해 세척력이 떨어진다는 소비자들의 불만이 유럽연합 집행부에 의해 공식적으로 확인된 것이다.

일부 동유럽 지식인들과 정치인들은 동유럽에 대한 서유럽의 신식민 지배라는 비판을 하고 있다. 이들은 서유럽의 자본이나 유럽연합이 1989년 이후 동유럽을 대상으로 벌이는 일련의 행동들은 19세기 제국에 의한 식민 지배와 별반 다를 것이 없다고 주장한다.[13] 차이점이 있다면 21세기 신식민 지배는 19세기 식민 지배보다 더 단순하고 간단하다는 것이다. 19세기 식민 지배가 군대나 관료 같은 국가기구를 동원했다면, 21세기 신식민 지배는 관련 법규와 제도만 바꾸면 얼마든지 동유럽의 자원과 자본을 서유럽 다국적기업이 채어갈 수 있는 구조라는 것이다.

거창하게 체제이행이라고 이름 붙여진 동유럽의 개혁은 결국 서유럽으로의 자본 이탈을 위한 법적·제도적 구조를 바꿔주는 작업이 된 셈이다. 체제이행을 통해 외세가 소련에서 유럽연합으로 바뀌고, 동유럽은 소련의 위성국에서 '유럽연합 최후이자 최신의 식민지'로 뒤바뀌었다.

2. 우파 포퓰리즘의 부상

—

2000년대 이후 급부상한 동유럽의 우파 포퓰리즘은 체제이행이 일대 사기극으로 드러난 데 대한 반동적 반격이다. 동유럽 최북단에 위치한 폴란드부터 동남단에 위치한 불가리아까지, 포퓰리즘 정당들은 좌파·자유주의 세력이 독점하던 체제이행의 판도에 균열을 내며, 유권자 3분의 2 이상의 지지를 받는 강력한 정치세력으로 부상했다.

포퓰리즘 정당의 주요 공략 대상은 체제이행에서 아무것도 얻지 못한 사람들의 실존적 가난과 심리적 공포다. 우파는 동유럽 사회가 2개의 적대적 집단, 즉 가난하고 힘없는 다수의 민중과 기득권 세력으로 나뉘어 있다고 보고, 자신들은 부패한 엘리트들에 맞서 민중의 보편의지를 대변한다고 주장했으며, 이는 대중의 큰 호응을 얻고 있다.[14]

한 정치 평론가의 말을 빌리자면, 동유럽 정치는 좌파인

가 우파인가를 따지는 것보다 포퓰리즘 정당인지 아닌지를 따져야 파악할 수 있게 되었다.[15]

　포퓰리즘 정당은 새로운 보수주의를 기치로 내건다. 동유럽에서 가장 강력한 포퓰리즘 정당이라는 폴란드의 '법과 정의당(PiS)', 헝가리의 청년민주동맹(Fidesz)은 1989년 이후 양산된 체제이행의 '패자'들이 느끼는 두려움과 공포심을 공략했다.

　청년민주동맹을 이끄는 오르반(Orbán Viktor Mihály) 총리는 헝가리 사회가 세 가지 위협, 즉 민족 존폐의 위기, 사회적 공포, 외세의 공세에 대한 공포에 직면했다고 주장하며 그동안 소외됐던 가난한 유권자들을 결집시켰다.[16] 유권자들은 이들의 새로운 우파 정치에 열광하며 지지표를 던졌다.

　그런데 문제는 포퓰리즘 정치가 전향적이라기보다는 반동적이라는 것이다. 정치로부터 소외된 가난한 사람들과 사회적 약자들의 목소리를 대변하고 이들의 열망을 실현한다는 측면에서는 개혁적으로 보인다. 그러나 동시에 이들 포퓰리즘 정치인들이 구축하고자 하는 국가는 국수주의, 기독교주의 등 퇴행적 보수주의 가치에 바탕을 두고 있다는 점에서 반동적이다.

'법과 정의당'이나 청년민주동맹이 집권 후 실시한 일련의 정책은 근본적으로 민주주의와 시민사회의 근간을 해치는 것이었다. 이들 포퓰리즘 정당들은, 사법부에 대한 행정부의 개입, 공영방송 보도권 장악, 종교와 도덕 등의 보수 편향적 가치를 강조하는 교과서 채택, 낙태 금지법안 강화, 구걸 금지 등을 통해 민주주의를 후퇴시키며 권력을 집중시키고자 한다. 포퓰리즘 정치인들은 노골적으로 극우 민족주의를 자극하고 선동하며 인종주의, 국수주의, 제노포비아의 바람을 일으키고 있다.

2015년에 불거진 유럽 난민 위기는 포퓰리즘이 선동하는 극우 민족주의가 얼마나 위험한 것인지를 적나라하게 드러냈다. 난민 문제를 호기로 삼아, 포퓰리즘 정치인들은 동유럽 대중의 마음속에 있던 제노포비아라는 괴물을 꺼냄으로써 동유럽 사회를 더욱 우편향으로 몰고 갔다.

유럽, 아시아, 아프리카 대륙의 세 교차로에 위치한 동유럽은 아랍과 아프리카의 난민들이 지중해를 건너 서유럽으로 갈 수 있는 주요 통로인 '발칸 루트'에 위치해 있다. 이 '발칸 루트'를 통해 150만 명의 난민이 갑자기 유입되자, 동유럽 사회에서는 반난민 정서가 증폭되었다. 또한 반이민 정서는 서유럽에서 벌어진 일련의 테러 공격 이후 동유럽에도 빠르게 형성되던 반이슬람 정서와 결합하여 무서운 폭발력을 가진 사회적 문제로 떠올랐다.

헝가리의 오르반 총리는 난민이나 이민자들을 잠재적 테러리스트로 간주하며, 이들이 국경을 넘어 헝가리 사회에 침입해 들어오고 있다고 주장했다. 또한 이들의 값싼 노동력이 헝가리 사람들의 일자리를 빼앗아가며, 헝가리 사회에 통합되려 하지 않고 헝가리의 고유한 문화를 파괴한다고 강조했다.

오르반 총리는 2015년 1월 11일에 파리에서 열린 언론사 샤를리 에브도 테러 공격을 규탄하는 거리 행진에 전 세계 40여 개국 정상들과 참석한 뒤 "유럽연합 내 이민 자유화 정책을 중단해야 한다"라고 주장했다. 오르반 총리는 "우리는 다른 문화적 특징을 가진 많은 소수인종들이 우리에게 섞이는 것을 원하지 않으며, 헝가리는 헝가리로서 유지되길 원한다"라고 강조했다.

이런 우파 정치인들의 인종차별적·국수주의적 도발은 헝가리 유권자 73~75퍼센트의 전폭적 지지를 받고 있는 것으로 나타났다.[17] 2015년 11월 11일, 폴란드 독립기념일에 바르샤바에서는 7만 명이 반이민 행진에 참가하여, "무슬림의 침략으로부터 폴란드를 지켜내자"라고 외쳤다.[18]

2016년 9월에는 헝가리와 세르비아의 접경지역에서 헝가리의 여성 기자가 난민수용소에서 경찰을 피해 달아나는 시리아 난민 가족을 발길질로 넘어뜨리는 장면이 독일 기자의 카메라에 찍혀 전 세계에 보도되었다.[19] 사실 이들 대중의 국수주의적 반이민·반난민 정서는 포퓰리즘 정책의 효과이기도 하지만, 애초에 포퓰리즘 정치인들이 그런 정책을 선택하게끔 만든 원인이기도 하다.

1989년 이후에도 약화되기는커녕 더욱 강화되는 것으

로 나타나는 동유럽과 서유럽 간의 불평등한 관계에 대한 동유럽 사람들의 불만이 엉뚱하게도 아랍 난민들을 향해 폭발한 셈이다. 자신들의 피폐해진 삶으로 인해 난민을 받아들일 경제적 여력뿐만 아니라 정신적 여유도 없는 상황에서, 밀려 들어오는 난민은 분명 버거운 사회적 짐일 것이다. 그럼에도 생존의 극한까지 몰린 난민들을 희생양 삼아 동유럽 대중이 그동안 억눌렸던 울분과 분노를 표출시키는 것은 왜곡된 분풀이일 뿐이다.[20] 종로(서유럽)에서 뺨 맞고 한강(아랍·아프리카 난민)에서 화 푸는 격이다.

폴란드에서는 2000년에 25건으로 보고된 무차별적 인종 혐오 범죄가 2015년에 750건으로 급증했다. 아울러 소수민족에 대한 폭행, 방화, 살인뿐만 아니라 외국인에 대한 폭행과 공격도 심각해지고 있다. 상황이 이렇게 폭력적으로 흐르는데도, 우파 정부는 특별한 조치를 취하지 않고 민족주의가 극우화되도록 내버려두고 있다.

그런데 과연 포퓰리즘 정부가 반동적 정치를 통해 동유럽 사회가 직면한 문제를 어디까지 해결할 수 있는가라는 의문이 생긴다. 1989년 이후 동유럽 사회가 직면한 문제의 뿌리는 신자유주의인데, 포퓰리즘 정치가 기대고 있는 민족주의를 동원하여 과연 전 지구적 신자유주의 공세에 얼마나 대응할 수 있느냐는 것이다.

가령 헝가리의 오르반 정부는 자신을 '헝가리의 구원자'로 내세우며, 유럽연합으로부터의 주권 보호, 경제 보호를 외치고 있으나, 문제의 근원인 서유럽 자본주의 경제로의 종속화에 대해서는 속수무책이다. 이미 경제 종속이 심화된 상황에서, 서유럽 기업들이 헝가리 투자를 철회하게 되면 헝가리의 경제 붕괴는 불 보듯 뻔한 일이며, 그 경우 오르반 정부의 정치적 생명도 끝날 것이다.

오르반 총리도 이 점을 모르지 않을 것이다. 오르반 정부가 경제 종속화라는 문제의 본질을 피하면서, 난민 같은 비경제적 문제를 들어 유럽연합과 대립각을 세우는 국면을 만들고 있는 이유가 여기에 있다. 외세 대항의 외관을 띤 채 민족주의를 동원함으로써, 자신들의 정치적 세력을 강화하려는 속셈이다.[21]

그러나 20세기 동유럽의 굴곡진 역사는, 민족주의가 해결책이 되지 못한다는 것을 이미 보여주었다. 동유럽 사람들이 민족주의를 동원해도 서유럽과의 정치적·경제적 종속은 끝낼 수 없었다. 전간기 1930년대 헝가리 우파 민족주의의 강화는 결국 서유럽 대신 독일 파시즘의 종속을 가져왔고, 그 결과 헝가리의 국운은 더욱 쇠퇴했다.

결국 우파 민족주의의 강화는 민족주의 대 민족주의 대립으로 치달았으며, 이 민족주의 간의 대결에서 '사이에 끼인' 동유럽의 약소국들은 주변 강대국의 민족주의에 의해 쉽게 제압되고 억압당했다. 더구나 동유럽 국가의 운명은 이미 서유럽과 서로 얽히고설켜 있어, 동유럽 사람들의 손으로만 결정되지 않는다. 현실을 규정하는 힘들은 국경선을 넘어 작용하고 있음에도, 자민족 중심의 사고는 구체적인 현실을 보지 못하게 만든다. 서유럽에서 일하고 있는 수많은 동유럽의 이주 노동자가 좋은 예다. 폴란드만 해도 서유럽에 120만 명의 이주 노동자를 내보낼 정도로 서유럽과의 교류가 일상 깊숙이 들어와 있는 상황이다.

만약 배타적 민족주의의 도미노 현상이 유럽 대륙 전체로 퍼져나갈 경우, 예측 가능한 첫 번째 피해자는 다른 어느 누구도 아닌 서유럽에 나가 있는 동유럽의 이주 노동자들이다. 그들은 집으로 돌아가야 한다. 실제로 영국의 브렉시트 결정 이후 동유럽 각국에서 자국 출신 이주 노동자들은 큰 정치적 사안이 되었다.

동유럽 사회가 직면한 문제에는 내부 요인과 아울러 동유럽과 서유럽 간의 불평등한 관계라는 외부적 요인이 자리 잡고 있다. 동유럽 사회는 민족주의 동원만으로 서유럽과의 관계를 민주화할 수 없다. 서유럽과의 평등한 관계를 실현하기 위해서라도 동유럽의 민주주의는 필요조건이다. 그런데 포퓰리즘이 동유럽의 국내 정치를 권위주의로 퇴행시킴으로써, 민주주의 발전을 저해하고 있다. 바람직하지 못한 정치 전개는 유럽연합이 동유럽의 국내 정치에 개입할 명분과 구실을 제공하고 있다. 유럽연합의 '독재적 전횡'을 문제 삼기 위해서라도 동유럽 국내 정치의 권위주의적 퇴행은 중단되어야 한다.

3. DiEM25:
유럽의 민주화와 서유럽 중심의 역사주의 극복

—

민족주의에 의한 문제 해결의 가능성이 희박함을 고려할 때, '유럽의 민주화'를 요구하고 나선 동유럽 신세대 좌파의 움직임에 주목하게 된다. 우파의 압도적 기세에 비하면 아직 미약한 소수이지만, 그럼에도 청년세대 좌파의 지향점은 문제의 근원까지 파고든다는 점에서 전향적이다.

이들 중 가장 두각을 나타내는 사람은 크로아티아의 젊은 철학자 스레츠코 호르밧(Srečko Horvat)이다. 호르밧은 2008년 크로아티아에서 '전복 페스티벌(Subversive Festival)'이라는 작은 영화제를 기획하면서 청년운동을 시작했다. 호르밧이 촉발한 청년운동이 소기의 성과를 거두면서, 차츰 발칸 전역의 시민 저항운동으로 확대되어갔다. 발칸 유럽 곳곳에서 '고삐 풀린 민영화'에 고삐를 채워, 공유자원과 공공재를 보호해야 한다는 요구가 터져나왔다.

2011년 크로아티아에서는 대학 민영화에 반대하는 시위가 3개월 동안 이어졌으며, 2012~2013년 슬로베니아와 2013년 불가리아에서 대규모 시위가 일어나 우파정권이 붕괴되었고, 2014년 보스니아에서는 총파업이 일어났다.

호르밧의 결정적 기여로 촉발한 발칸 유럽의 저항운동은 2015년 그리스의 경제위기를 거치며 범유럽 시민 저항운동으로 확대되었다. 그 결과 탄생한 것이 '유럽민주화운동25(The Democracy in Europe Movement 25: DiEM25)'다. 호르밧은 그리스의 경제위기 동안 시리자 정부의 재무부 장관을 지낸 바루파키스, 위키리크스 편집자 어산지, 슬라보이 지제크 등과 함께 DiEM25을 발족했다.

DiEM25는 유럽사회가 직면한 문제에 대한 해결책은 유럽연합의 진정한 민주화 이외에 없다는 입장이다. 그리스 사태의 실패가 보여주듯 일국 차원에서의 저항운동으로는 전 지구적 자본주의에 대항하기 힘들다는 전제 아래, 새로운 형태의 국제연대, 즉 '전 지구적 우파'에 저항하는 '전 지구적 좌파' 운동의 조직을 목표로 하고 있다. 발칸 유럽뿐만 아니라 폴란드의 신생 정당 라젬(Razem, '함께'라는 뜻), 덴마크의 얼터너티브(Alternative, 대안) 등과 연대하며, 특정 국가로 한정되지 않는 새로운 정치 공간을 만들고자 한다. DiEM25는 시위가 성공하기 위해서는 제도적 정치에 참여하여 결과를 지속적으로 이끌어내는 것이 중요하다고 보고, 비제도적인 저항운동 정치와 제도권 정당 정치를 연결하는 창조적 가교 역할을 수행하고자 한다. 2019년 유럽의회 선거 참여를 목표로, 유럽 최초의 범유럽적 정당 조직도 준비하고 있다.[22]

DiEM25에 주목하는 것은 유럽 전체의 민주화라는 테제가 가진 근원적 개혁성 때문이다. 이는 동유럽의 민주주의는 물론 서유럽과의 관계에 있어서의 민주주의, 유럽연합 집행부의 민주주의를 요구하는 것이다. 이런 요구에는 근대 이후 그 정당성이 의심되지 않은 서유럽 중심의 역사주의(historicism)에 대한 회의와 근본적인 비판이 담겨 있다.

서론에서 말했듯이, '역사주의'는 전 세계 모든 국가들의 역사가 같은 경로를 따라 발전하며,[23] 그 발전 도상에서 항상 '유럽은 먼저', '비유럽은 나중'으로 규정하는 것이다. 이 역사주의에 따라 동유럽의 역사적 시간은 항상 '서유럽보다 100년, 50년 혹은 20년 뒤떨어졌다'는 식의 정치경제적 거리로 환산되곤 했다. 서구와 대립각을 세웠지만, 사회주의 건설조차 사실은 '서구 따라잡기'를 위한 거대한 근대화 프로젝트였다.

지난 27년간 동유럽의 사회 인식을 지배했던 이행론(transitology)도 이러한 역사주의적 틀 안에서 구상된 체제개혁론이다. '낙후되고 아직 충분히 근대적이지 못한' 동유럽은 서유럽을 경제적·정치적·사회적·문화적으로 따라잡으며 그 거리를 줄여야 한다는 논리를 내세웠다.

DiEM25가 내건 유럽의 민주화는 바로 이런 역사주의 모델의 정통성에 문제를 제기한다. 체제이행의 혼돈을 거쳐 자본주의의 실상을 경험하게 되면서, 서유럽과 서구에 딴지를 걸기 시작한 것이다. 아무리 유럽연합과 나토 가입 등 유럽에 통합되기 위한 조건을 실행해도 동유럽과 서유럽 간의 불평등한 관계는 사라지지 않고, 오히려 서유럽에 대한 정치적·경제적 종속화만 심화될 뿐임을 직시하게 되었다. 그동안 모든 문제의 원인은 동유럽의 후진성 탓으로 돌려졌다. 서유럽은 물론이고 동유럽 사람들에 의해서도 아직 동유럽 사회가 충분히 '근대화되지 않아', 혹은 '민주화되지 않아' 유럽의 문명세계로 편입되지 못한다는 것이 유럽의 일반적인 인식이었다.

이제 비로소, 동유럽의 민주주의가 완성된다고 해서 모든 문제가 해결되는 것은 아님을 알게 된 것이다. 민주주의를 국민 주권의 실현이라 할 때, 현재 동유럽 사람들의 주권 실현을 제한하는 것은 동유럽의 정치인들만이 아니다. 서유럽, 더 나아가 서구와의 불평등한 관계 또한 동유럽 사람들의 주권 행사를 제약하고 제한하는 힘 있는 세력이다. 외국 투자라는 이름으로 동유럽을 착취하는 다국적기업이나, 경제정책을 마음대로 주무르고자 하는 '유럽의 트로이카'인 유럽중앙은행, IMF, 유럽연합 집행위원회 등에 의한 주권 제약도 만만치 않다. 유럽연합의 통합으로 생기는 주권 제약은 서유럽도 겪는 문제다. 그러나 동유럽이 겪는 침해는 더 클 수밖에 없다.

동유럽의 민주주의는 서유럽과의 관계가 민주화되지 않는 한 계속 미완의 과제로 남을 수밖에 없다. 그런 면에서 민주주의는 동유럽의 각국 차원에서 이루어져야 하는 일국의 국민 주권 실현 문제인 동시에, 동·서유럽 국가 간의 관계, 동유럽 국가와 유럽연합과의 관계 등에서도 다면적이고 복합적으로 이루어져야 하는 목표라 할 수 있다.

다시 말해 일국가적 차원, 지역적 차원, 유럽적 차원의 문제가 서로 교차하고 뒤엉킨 트랜스내셔널(transnational)한 그리고 글로컬(glocal)한 문제라 할 수 있다. 지금과 같이 동유럽 경제의 종속화를 심화시키는 방식으로 유럽통합이 지속된다면, '동등한 성원의 공동체'라는 유럽통합의 이상은 영원히 미제로 남을 수밖에 없다. 이는 유럽 전체에 대한 중대한 도전일 것이다.

오만한 유럽연합의 전횡과 독주, 서구 다국적기업의 경제적 착취에 의해 지속되는 동유럽·서유럽 간의 불평등한 관계는 결국 동유럽의 민심이 우파 민족주의와 포퓰리즘으로 기울게 만드는 원인이 되었다. 사회주의 시절 그토록 선망하던 유럽연합에도 동유럽 사람들은 등을 돌리고 있다. 민족주의에 경도된 민심의 위험성과 폭력성은 동유럽에 국한되는 것은 아니다. 더구나 신자유주의는 서유럽 사회 역시 소수의 특권층과 다수의 소외층으로 나누어, 서유럽에서 극우주의가 다시 고개를 들게 만들고 있다.[24]

이런 상태가 심화된다면, 결국 유럽통합의 성과는 퇴색한 채 파시즘의 대결로 치닫는 전간기의 비극이 재현될 수도 있다. 유럽의 민주화를 통한 동·서유럽 간 평등관계의 회복이 아직은 요원해 보인다 할지라도, 현실을 지배하는 다수의 의견과 다른, 다른 미래를 바라보고 실현하고자 하는 소수 의견을 외면해서는 안 될 것이다. 그것이 20세기 유럽의 역사가 후대에 물려준 뼈아픈 교훈이다.

주

서문: 낯선 동유럽 역사

1 《살아있는 세계사 교과서 1》(전국역사교사모임 지음, 휴머니스트, 2005), 121쪽.

2 이상국, 〈빈섬의 알바시네-43. 영화 '레들 대령'의 추억〉, 《아시아경제》(2015. 2. 10.), http://www.asiae.co.kr/news/view.htm?idxno=2015021017211362100

선행연구: 서구 중심 역사관 극복으로서의 포스트식민주의

1 Merje Kuus, "Europe's eastern expansion and the reinscription of otherness in East–Central Europe," *Progress in Human Geography,* vol. 28, no. 4 (2004), pp. 472~489.

2 Dipesh Chakrabarty, *Provincializing Europe: Postcolonial Thought and Historical Difference* (Princeton & Oxfordshire: Princeton University Press, 2000). 〔한국어판〕 디페시 차크라바르티, 김택현·안준범 옮김, 《유럽을 지방화하기: 포스트식민 사상과 역사적 차이》 (그린비, 2014), 62쪽.

3   서구 보편사 관점의 역사서로는 Robin Okey, *Eastern Europe 1740-1985: Feudalism to Communism* (London & New York: Routledge, 1987, 1992); Robert Bideleux & Ian Jeffries, *A History of Eastern Europe: Crisis and Changes* (London & New York: Routledge, 1998).

4   Milan Kundera, "The Tragedy of Central Europe," *New York Review of Books* (April 26, 1984).

5   Bideleux & Jeffries, *A History of Eastern Europe*, pp. 33~34. 독일의 지리학자 파르쉬(Joseph Partsch)의 책 *Mitteleuropa*(1904)에서 나온 이 표현에는 범게르만주의(pan-Germanism)가 내재되어 있다. 파르쉬는 "모든 중부 유럽은 인식하건 인식하지 못하건 게르만 문명권에 속한다"라고 주장했다. 나우만(Friedrich Naumann)도 같은 제목의 책 *Mitteleuropa*(1915)에서 "중부 유럽은 프로이센의 승리를 통해 생겨났다"라고 주장했다.

6   Balázs Trencsényi & Maciej, *A History of Modern Political Thought in East Central Europe*, vol. 1 (Oxford & New York: Oxford University Press, 2016), p. 434.

7   Leela Gandhi, *Postcolonial Theory: A Critical Introduction* (New York: Columbia University Press, 1998); Oliver Marchart, *Post-Foundational Political Thought: Political Difference in Nancy, Lefort, Badiou, and Laclau* (Edinburgh: Edinburgh University Press, 2007).

8   Edward Said, *Orientalism* (New York: Pantheon Books, 1978). 〔한국어판〕 에드워드 사이드, 박홍규 옮김, 《오리엔탈리즘》 (교보문고,

1991).

9   김택현, 《서발턴과 역사학 비판》 (박종철출판사, 2003); Rosalind C. Morris ed., *Can the subaltern Speak?: Reflections on the History of an Idea* (New York: Columbia University Press, 2010). [한국어판] 로절린드 C. 모리스 엮음, 태혜숙 옮김, 《서발턴은 말할 수 있는가?: 서발턴 개념의 역사에 관한 성찰들》 (그린비, 2013); 안준범, 〈서발턴 역사 개념의 형성 연구〉 (박사학위 논문, 성균관대학교, 2009).

10   Robert Young, *Postcolonialism: An Historical Introduction* (Oxford: Blackwell, 2001). [한국어판] 로버트 영, 김택현 옮김, 《포스트식민주의 또는 트리컨티넨탈리즘》 (박종철출판사, 2005); Robert Young, *Postcolonialism: A Very Short Introduction* (New York: Oxford University Press, 2003). [한국어판] 로버트 영, 김용규 옮김, 《아래로부터의 포스트식민주의》 (현암사, 2013).

11   David Chioni Moore, "Is the Post-in Postcolonial the Post-in Post-Soviet? Toward a Global Postcolonial Critique," *Modern Language Association*, vol. 116, no. 1 (2011), pp. 111~128.

12   Sharad Chari & Katherine Verdery, "Thinking between the Posts: Postcolonialism, Postsocialism, and Ethnography after the Cold War," *Comparative Studies in Society and History*," vol. 51, no. 1, pp. 6~34.

13   Larry Wolf, *Inventing Eastern Europe: The Map of Civilization on the Mind of the Enlightenment* (Stanford & California: Stanford University Press, 1994).

14 김택현, 《서발턴과 역사학 비판》.

15 위의 책, 214쪽.

16 Rogers Brubaker, *Nationalism Reframed* (Cambridge: Cambridge University Press, 1996).

17 차크라바르티, 《유럽을 지방화하기》, 8쪽.

18 위의 책, 45쪽.

19 内田樹, 寢なから學べる構造主義 (文藝春秋, 2002) 〔한국어판〕 우치타 타츠루, 이경덕 옮김, 《푸코, 바르트, 레비스트로스, 라캉 쉽게 읽기》 (갈라파고스, 2010), 150~162쪽.

1장. 제국의 각축장이 된 문명의 교차로(6~19세기)

1 Larry Wolf, *Inventing Eastern Europe: The Map of Civilization on the Mind of the Enlightenment* (Stanford & California: Stanford University Press, 1994).

2 Dušan Bataković, *Нова историја српског народа* (Београд:НАШ ДОМ,, 2000). 〔한국어판〕 두샨 바타코비치, 정근재 옮김, 《세르비아 역사》 (선인, 2001).

3 Dennis P. Hupchick, *Culture and History in Eastern Europe* (London: Macmillan, 1994), p. 62.

4 Robert Bideleux & Ian Jeffries, *A History of Eastern Europe: Crisis and Changes* (London & New York: Routledge, 1998), p. 118.

5 Philip Longworth, *The Making of Eastern Europe: From Prehistory to Postcommunism* (London: Macmillan, 1994), pp. 315~316.

6 위의 책, 306쪽.

7 Mark Mazower, *The Balkans: A Short History* (New York: Vintage Books, 2000). [한국어판] 마크 마조워, 이순호 옮김, 《발칸의 역사》 (을유문화사, 2014), 29쪽.

8 Hupchick, *Culture and History in Eastern Europe*, p. 18.

9 영어 'Austria'는 독일어 'Österreich', 즉 '동쪽 영역'을 영어로 번역한 것이다.

10 Longworth, *The Making of Eastern Europe*, p. 165.

11 Bideleux & Jeffries, *A History of Eastern Europe*, p. 279.

12 위의 책, 131쪽.

13 Longworth, *The Making of Eastern Europe*, p. 165.

14 위의 책, 166쪽.

15 Ivan T. Berend, *History Derailed: Central and Eastern Europe in the Long Nineteenth Century* (Berkeley & Los Angeles & London: University of California Press, 2003), p. 32.

16 위의 책, 69쪽.

17 Maria Todorova, *Imagining the Balkans* (Oxford: Oxford University Press, 1994), p. 182.

18 Berend, *History Derailed*, p. 22.

19 위의 책, 23쪽.

20 Todorova, *Imagining the Balkans*, p. 188.

21 Ivo Andric, *Razvoj duhovnog života u Bosni pod uticajem turske vladavine* (Beograd: Prosveta, 1995). 〔한국어판〕 이보 안드리치, 정근재 옮김, 《보스니아 종교 문화사》 (문화과학사, 1998).

2장. 열강의 4파전과 민족 투쟁(19세기)

1 Miroslav Hroch, "From National Movement to the Fully-formed Nation," *New Left Review*, I/198, (March-April 1993), p. 63.

2 Philip Longworth, *The Making of Eastern Europe: From Prehistory to Postcommunism* (London: Macmillan, 1994), p. 176.

3 Ivan T. Berend, *History Derailed: Central and Eastern Europe in the Long Nineteenth Century* (Berkeley & Los Angeles & London: University of California Press, 2003), p. 28.

4 Mark Mazower, *The Balkans: A Short History* (New York: Vintage Books, 2000). 〔한국어판〕 마크 마조워, 이순호 옮김, 《발칸의 역사》 (을유문화사, 2014), 66쪽.

5 Robert Bideleux & Ian Jeffries, *A History of Eastern Europe: Crisis and Changes* (London & New York: Routledge, 1998), p. 274.

6 Longworth, *The Making of Eastern Europe*, p. 177.

7 Bideleux & Jeffries, *A History of Eastern Europe*, p. 85.

8 마조워, 《발칸의 역사》, 25쪽.

9 위의 책, 75쪽.

10 위의 책, 32쪽.

11 위의 책, 32쪽.

12 위의 책, 42쪽.

13 Bideleux & Jeffries, *A History of Eastern Europe*, p. 345.

14 Barbara Jelavich, *History of the Balkans* (Cambridge: Cambridge University Press, 1983, 1993), p. 8.

15 Bideleux & Jeffries, *A History of Eastern Europe*, p. 295.

16 Liah Greenfield, *Nationalism: Five Roads to Modernity* (Cambridge & Massachusetts & London: Harvard University Press, 1993).

17 Robin Okey, *Eastern Europe 1740-1985: Feudalism to Communism* (London & New York: Routledge, 1987, 1992), p. 23.

18 위의 책, 27쪽.

19 Liah Greenfield, *Nationalism*, pp. 4~13.

20 Okey, *Eastern Europe 1740-1985*, p. 69.

21 Bideleux & Jeffries, *A History of Eastern Europe*, p. 302.

22 위의 책, 295쪽.

23 1836년에 출간된 체코의 대표적 민족주의 역사학자 팔라츠키 (František Palacký)의 책, *Dějiny národu českého v Čechách a v Moravě*(보헤미아와 모라비아의 체코 민족 역사). Longworth, *The Making of Eastern Europe*, p. 172.

24 Bideleux & Jeffries, *A History of Eastern Europe*, p. 266.

25 A. J. P. Taylor, *The Habsburg Monarchy 1809-1918: A History of the Austrian Empire and Austria-Hungary* (London: Hamish

Hamilton, 1976), p. 226.

26   Peter Sugar, "The nature of non-German societies under Habsburg rule," *Slavic Review*, vol. 22 (1963), pp. 2~4.

27   Bideleux & Jeffries, *A History of Eastern Europe*, p. 269.

28   Longworth, *The Making of Eastern Europe*, p. 128.

29   Bideleux & Jeffries, *A History of Eastern Europe*, p. 295.

30   위의 책, 206쪽.

31   Longworth, *The Making of Eastern Europe*, p. 130.

32   Bideleux & Jeffries, *A History of Eastern Europe*, p. 271.

33   Longworth, *The Making of Eastern Europe*, p. 125.

34   Taylor, *The Habsburg Monarchy 1809-1918*, p. 28.

35   Longworth, *The Making of Eastern Europe*, p. 124.

36   위의 책, 183쪽.

37   Bideleux & Jeffries, *A History of Eastern Europe*, pp. 25~28.

38   Hans Kohn, *The Idea of Nationalism: A Study in Its Origins and Background* (New York: Macmillan, 1944). 그러나 콘의 견해는 이미 앤서니 스미스(Anthony Smith)에 의해 반박당했다. 스미스에 따르면 어떤 민족 집단의 형성이건 '종족적 요소'와 '시민적 요소'는 함께 영향을 미친다. Anthony D. Smith, *Nations and nationalism in a global era* (Cambridge: Polity Press, 1995).

39   Bideleux & Jeffries, *A History of Eastern Europe*, pp. 28~30.

40   마조워, 《발칸의 역사》, 46쪽.

41   위의 책, 46쪽.

42   위의 책.

3장. 혼돈의 첫 번째 민족국가 건설과 '3중'의 2차 세계대전(1919~1944)

1   Lonnie R. Johnson, *Central Europe: Enemies, Neighbors, Friends* (New York & Oxford: Oxford University Press, 1996), p. 197.

2   Philip Longworth, *The Making of Eastern Europe: From Prehistory to Postcommunism* (London: Macmillan, 1994), p. 96.

3   Mark Mazower, *The Balkans: A Short History* (New York: Vintage Books, 2000). 〔한국어판〕 마크 마조워, 이순호 옮김, 《발칸의 역사》 (을유문화사, 2014), 52쪽; Gyorgy Peteri, "Between Empire and Nation-State: Comments on the Pathology of State Formation in Eastern Europe during the 'Short Twentieth Century,'" *Contemporary European History*, vol. 9, no. 3 (2000), p. 380.

4   Longworth, *The Making of Eastern Europe*, p. 97.

5   Robert Bideleux & Ian Jeffries, *A History of Eastern Europe: Crisis and Changes* (London & New York: Routledge, 1998), p. 470.

6   Mark Mazower, "Two Cheers for Versailles," *History Today*, vol. 49, No. 7, 1999.

7   Hugh Seton-Watson, *Eastern Europe Between the Wars, 1918-1941* (Cambridge: Cambridge University Press, 1945), p. 269.

8   Istvan Deak, "The Habsburg Empire," Karen Barkey & Mark

Von Hagen, eds., *After Empire: Multiethnic Societies and nation-Buklding, The Soviet Union and the Russian, Ottoman and Habsburg Empires* (Westview Press, 1997), p. 131.

9   위의 책, 133쪽.

10   Deak, "The Habsburg Empire," p. 132.

11   Longworth, *The Making of Eastern Europe*, p. 99.

12   Carol Sklnik Leff, *National Conflict in Czechoslovakia: The Making and Remaking of a State, 1918-1987* (Princeton: Princeton University Press, 1988), Introduction.

13   Bideleux & Jeffries, *A History of Eastern Europe*, p. 465.

14   Longworth, *The Making of Eastern Europe*, p. 105.

15   Ivo Banac, *The Nation Question in Yugoslavia: Origins, History, Politics* (Ithaca & London: Cornell University Press, 1994 (4th)), pp. 115~140.

16   Fred Singleton, *A Short History of the Yugoslav Peoples* (Cambridge: Cambridge University Press, 1995), p. 131.

17   Longworth, *The Making of Eastern Europe,* p. 101.

18   위의 책, 103쪽.

19   위의 책, 103쪽.

20   Johnson, *Central Europe*, p. 207.

21   Bideleux & Jeffries, *A History of Eastern Europe*, p. 460.

22   Johnson, *Central Europe*, p. 210.

23   Zybnek Zeman, *The Masaryk: The Making of Czechoslovakia* (New

York: Barnes and Noble Books, 1976).

24 Jan Karski, *The Great Powers and Poland, 1919-1945* (Lanham:
    University Press of America, 1985), p. 301.

25 Johnson, *Central Europe*, p. 211. 소련은 벨라루스, 우크라이나, 핀
    란드 일부, 발트해 3국, 베사라비아(지금의 몰도바)를 되찾아왔다.

26 Johnson, *Central Europe*, p. 213.

27 위의 책, 203쪽.

28 위의 책, 204쪽.

29 위의 책, 212쪽.

30 위의 책, 213쪽.

31 Dušan Bataković, *Нова историја српског народа* (Belgrade: Naš
    Dom, 2000). [한국어판] 두샨 바타코비치, 정근재 옮김, 《세르비아
    역사》 (선인, 2001), 356~374쪽.

32 Raul Hilberg, *The Destruction of European Jews*, vol. 2 (New York
    & London : Holmes & Meier, 1985), pp. 263~273; Johnson, *Central
    Europe*, p. 217 재인용.

33 Johnson, *Central Europe*, p. 217.

34 위의 책, 210쪽.

35 Leff, *National Conflict in Czechoslovakia*, ch. 2.

36 Johnson, *Central Europe*, p. 214.

37 Leff, *National Conflict in Czechoslovakia*.

38 Ivo Goldstein, *Croatia A History* (London: Hurst & Company,
    1999), ch. 8.

39 Ivo Banac, "Political Change and National Diversity," *Daedalus*, 119, no. 1 (1990), pp. 141~159.

4장. 무기력한 좌회전: 사회주의-민족국가 건설과 붕괴(1945~1993)

1 Robert Bideleux & Ian Jeffries, *A History of Eastern Europe: Crisis and Changes* (London & New York: Routledge, 1998), p. 519.

2 "Who excluded Russia from Europe?," George Schopflin & Nancy Wood, eds., *In Search of Central Europe* (Cambridge: Polity Press, 1989), p. 336.

3 Walker Connor, *The National Question in Marxist-Leninist Theory and Strategy* (Princeton: Princeton University Press, 1984).

4 Vladimir Reisky De Dubnic, *Communist Propaganda Methods: A Case Study on Czechoslovakia* (New York: Praeger, 1960).

5 William Kemp, *Nationalism and Communism* (New York: Saint Martin's Press, 1999), p. 143.

6 Ivan T. Berend, *History Derailed: Central and Eastern Europe in the Long Nineteenth Century* (Berkeley & Los Angeles & London: University of California Press, 2003), p. 176.

7 William Kemp, *Nationalism and Communism*, p. 96.

8 Raymond Aron, "Only Polycentrism," *Survey*, 58 (1966), p. 13.

9 Gyorgy Peteri, "Between Empire and Nation-State: Comments on the Pathology of State Formation in Eastern Europe during the 'Short Twentieth Century,'" *Contemporary European History*, vol. 9, no. 3 (2000), p. 381.

10   Jill A. Irvine, *The Croat Question: Partisan Politics In The Formation of the Yugoslav Socialist State* (Boulder: Westview Press, 1993).

11   William Kemp, *Nationalism and Communism*, p. 95.

12   위의 책, 151쪽.

13   Tchavdar Marinov & Alexander Vezenkov, "Communism and Nationalism in the Balkans: Marriage of Convenience or Mutual Attraction?," Roumen Daskalov & Diana Mishkova, eds., *Entangled Histories of the Balkans Volume Two: Transfers of Political Ideologies and Institutions* (Leiden: Brill, 2014), p. 474.

14   Zuzana Jelokova. Ph.D. Thesis, "In Search Of A Useable Past: Politics of History in the Postcommunist Czech Republic and Slovakia from a Comparative Historical Perspective" (2010), pp. 115~116.

15   William Kemp, *Nationalism and Communism*, p. 96.

16   위의 책, 118쪽.

17   위의 책, 118쪽.

18   위의 책, 116쪽.

19   Zuzana Jelokova. Ph.D. Thesis, "In Search Of A Useable Past," pp. 115~116.

20 Yannis Sygkelos, "The National Discourse of the Bulgarian Communist Party on National Anniversaries and Commemorations (1944–1948)," *The Journal of Nationalism and Ethnicity*, vol. 37, no. 4 (2009), p. 427.

21 Zuzana Jelokova. Ph.D., "In Search Of A Useable Past," pp. 115~116.

22 Bideleux & Jeffries, *A History of Eastern Europe*, p. 524.

23 Vladimir Reisky, *Communist Propaganda Methods*, *pp.* 50, 122 재인용.

24 Dennison Rusinow, *The Yugoslav Experiment 1948–1974* (Berkeley & Los Angeles: University of California Press, 1978), p. 28.

25 Lonnie R. Johnson, *Central Europe: Enemies, Neighbors, Friends* (New York & Oxford: Oxford University Press, 1996), p. 252.

26 William Kemp, *Nationalism and Communism*, p. 136.

27 위의 책, 136쪽.

28 Mark Mazower, *Dark Continent: Europe's Twentieth Century* (New York: Vintage Books, 2000). [한국어판] 마크 마조워, 김준형 옮김, 《암흑의 대륙: 20세 유럽현대사》 (후마니타스, 2009), 382쪽.

29 루마니아의 "사회주의 애국주의 혁명(patriotismului revolutionar socialist)", 폴란드의 "사회주의 애국주의(patriotyzmu socja-listznego)", 헝가리의 "사회주의 애국주의(szocialista hazafisag)"는 모두 그런 취지를 담은 개혁 슬로건이었다.

30 Sabrina P. Ramet, *Nationalism and Federalism in Yugoslavia*

(Bloomington: Indiana University Press, 1984, 1992), p. 84.

31 Martin Mevius, "Reappraising Communism and Nationalism," *Nationalities Papers*, vol. 37, no. 4, 2009.

32 헝가리에서는 모스크바파 출신 라코시(Mátyás Rákosi)가 토종파 출신인 내무부 장관 라슬로 라이크(László Rajk)를 처형했다.

33 William Kemp, *Nationalism and Communism*, p. 143.

34 Johnson, *Central Europe*, p. 252.

35 William Kemp, *Nationalism and Communism*, p. 143.

36 Johnson, *Central Europe*, p. 255.

37 William Kemp, *Nationalism and Communism*, p. 149.

38 위의 책, 157쪽.

39 Johnson, *Central Europe*, p. 258.

40 William Kemp, *Nationalism and Communism*, p. 149.

41 위의 책, 136쪽.

42 위의 책, 137쪽.

43 위의 책, 128쪽.

44 Robin Okey, *Eastern Europe 1740–1985: Feudalism to Communism* (London & New York: Routledge, 1987, 1992), p. 177.

45 William Kemp, *Nationalism and Communism*, p. 149.

46 위의 책, 150쪽.

47 위의 책, 150쪽.

48 위의 책, 153쪽.

49 Jacques Rupnik, *The other Europe* (London: Weidenfeld &

Nicholson, 1989), p. 216.

50   William Kemp, *Nationalism and Communism*, p. 172.

51   Václav Havel, *The Power of the Powerless* (London: Faber & Faber,1978), pp. 37~40 ; David Crowley, "Warsaw's Shops, Stalinism and the Thaw," David Crowley & Susan E. Reid, eds., *Style and Socialism: Modernity and Material Culture in Post-War Eastern Europe* (Oxford & New York: Berg, 2000), p. 25 재인용.

52   Ivan T. Berend, *Central and Eastern Europe 1944-1993: Detour from the Periphery to the Periphery* (Cambridge : Cambridge University Press, 1996), pp. 155~181.

53   William Kemp, *Nationalism and Communism*, p. 172.

54   Božo Repe, "The Influence of Shopping Tourism on Cultural Changes and the Way of Life in Slovenia after World War II" (2006. 12. 8), the Slovenian, http://www.theslovenian.com/articles/repe.htm

55   William Kemp, *Nationalism and Communism*. p. 143.

56   Rogers Brubaker, *Nationalism Reframed* (Cambridge : Cambridge University Press, 1996), Introduction.

57   위의 책.

58   George Schöpflin, "Nationhood, Communism and State Legitimation," *Nations and Nationalism*, vol. 1 (1995), p. 85.

결론: 세 번째 민족국가 건설(1989~)과 극우 민족주의의 도전

1   "'Poverty in Europe' the Current Situation," *Inequality Watch*
    (2012. 1. 26.), http://www.inequalitywatch.eu/spip.php?article99;
    Mihaly Simai, "Poverty and Inequality in Eastern Europe and the
    CIS Transition Economies," DESA Working Paper no. 17 (February
    2006).

2   "4 million people in the country living below the subsistence level,"
    Daily News Hungary (2015. 12. 30.), https://dailynewshungary.
    com/lmp-4-million-people-in-the-country-living-below-the-
    subsistence-level

3   Beata Rogulska, "Krytyczni demokraci: akceptacja demokracji a
    ocena jej funkcjonowania w Polsce," in "Populist politics and liberal
    democracy in central and eastern europe," Grigorilj Mesežnikov
    & Olga Gyarfášová & Daniel Smilov, eds., *Populist Politics and
    Liberal Democracy in Central and Eastern Europe* (Bratislava :
    Institute for Public Affairs, 2008), p. 77 재인용, http://pdc.ceu.hu/
    archive/00004891/01/1214822685__populist_politics.pdf

4   Jaroslav Fiala(interviewee) & Gaspár M. Tamás(interviewer),
    "The rule of the market in East-Central Europe is absolute,"
    Political Critique (2016. 7. 28.), http://politicalcritique.org/cee/
    hungary/2016/the-rule-of-the-market-in-east-central-europe-is-
    aabsolute-interview

5   Jacques Hersh & Johannes Dragsbaek Schmidt, "After the Meltdown of Soviet-Type Socialism: Presenting the Issues," Jacques Hersh, ed., *The Aftermath of 'Real Existing Socialism' in Eastern Europe Volume 1: Between Western Europe and East Asia* (London: Macmillan, 1996), p. 9.

6   Ivan Krastev, "The Strange Death of the Liberal Consensus," Grigorilj Mesežnikov & Olga Gyarfášová & Daniel Smilov, eds., *Populist Politics and Liberal Democracy in Central and Eastern Europe* (Bratislava: Institute for Public Affairs, 2008), p. 59.

7   Daniel Smilov, "Bulgaria," *Populist Politics and Liberal Democracy in Central and Eastern Europe*, p. 21.

8   Paul Taylor, "Analysis-No more Blue Banana, Europe's industrial heart moves east," *Reuters* (2015. 3. 15.), http://uk.reuters.com/article/uk-eu-industry-analysis/analysis-no-more-blue-banana-europes-industrial-heart-moves-east-idUKKBN0MB0AI20150315

9   예를 들면 체코 자동차 산업의 50퍼센트는 독일 소유로, 크로아티아 은행업의 90퍼센트는 독일, 오스트리아, 이탈리아 은행으로 넘어갔다.

10 Paul Hannon, "IMF Warns Eastern European Income Convergence Has Stalled,", *The Wall Street Journal* (2014. 10. 24.), https://www.wsj.com/articles/imf-warns-eastern-european-income-convergence-has-stalled-1414134496

11 Leonid Bershidsky, "Volkswagen's Strike in Slovakia Exposes

a European Divide," *Bloomberg*, (2017. 6. 21.), https://www. bloomberg.com/view/articles/2017-06-21/a-strike-in-slovakia-exposes-a-european-divide

12   Daniel Boffey, "Food brands 'cheat' eastern European shoppers with inferior products," *The Guardian* (2017. 9. 15.), https://www. theguardian.com/inequality/2017/sep/15/food-brands-accused-of-selling-inferior-versions-in-eastern-europe

13   "Europe's Forbidden Colony: Part 1, 2," *Al Jazeera* (2017. 2. 17.), http://www.aljazeera.com/programmes/specialseries/2017/02/business-colonisation-170219113145085.html

14   Yves Mény & Yves Surel, eds., *Democracies and the Populist Challenge* (New York: Palgrave, 2002), p. 13.

15   Gabor Gyori, "Central and Eastern europe in the Grip of Populism," *Central and Eastern European Reveiw*, issue 03-04 (2008), p. 48.

16   Zoltan Lakner (interviewee) & Krisztián Simon (interviewer), "The Economics of Fear: How Orbán Profits from Insecurities," *Political Critique* (2011. 7. 31.), http://politicalcritique.org/cee/hungary/2017/simon-lakner-economics-of-fear-orban-populism

17   Dhelon Curtis Neillssen Raynold, "Hungary's Referendum on Refugees," *Political Critique* (2016. 9. 28.), http://politicalcritique. org/cee/hungary/2016/hungarys-referendum-on-refugees

18   "'Communists will be hanging': Nationalist March Commemorates Poland's Independence Day", *RT* (2015. 11. 11.), https://www.

rt.com/news/321592-poland-nationalist-independence-day

19 "국경 넘는 난민 발 걸어 넘어뜨린 헝가리 여기자 비난 여론", YTN
(2015. 9. 9.).

20 "Europe's Forbidden Colony: Part 1, 2," *Al Jazeera* (2017. 2. 17.),
http://www.aljazeera.com/programmes/specialseries/2017/02/
business-colonisation-170219113145085.html

21 위의 기사.

22 이병한, 〈유라시아 견문 – '스레츠코 호밧' 인터뷰(下) : 자그레브의
청년정치 실험은 왜 서울에 닿지 않는가〉, 《프레시안》 (2017. 9. 3.),
http://www.pressian.com/news/article.html?no=167526

23 Dipesh Chakrabarty, *Provincializing Europe: Postcolonial Thought
and Historical Difference* (Princeton & Oxfordshire: Princeton
University Press, 2000). [한국어판] 디페시 차크라바르티, 김택현·
안준범 옮김, 《유럽을 지방화하기: 포스트식민 사상과 역사적 차이》
(그린비, 2014), 62쪽.

24 Slavoj Žižek & Srecko Horvat, *What Does Europe Want?: The Union
and Its Discontents* (New York: Columbia University Press, 2015).

찾아보기

동유럽 근현대사

제국 지배에서 민족국가로

1판 1쇄 2018년 2월 1일
1판 3쇄 2021년 11월 10일

지은이 | 오승은

펴낸이 | 류종필
편집 | 이정우, 이은진
마케팅 | 이건호
경영지원 | 김유리
표지 · 본문 디자인 | 박미정
교정교열 | 오효순

펴낸곳 | (주)도서출판 책과함께
　　　　주소 (04022) 서울시 마포구 동교로 70 소와소빌딩 2층
　　　　전화 (02) 335-1982
　　　　팩스 (02) 335-1316
　　　　전자우편 prpub@hanmail.net
　　　　블로그 blog.naver.com/prpub
　　　　등록 2003년 4월 3일 제25100-2003-392호

ISBN 979-11-86293-99-7　93920

이 도서의 국립중앙도서관 출판시도서목록(CIP)은
서지정보유통지원시스템 홈페이지(http://seoji.nl.go.kr)와
국가자료공동목록시스템 (http://www.nl.go.kr/kolisnet)에서 이용하실 수 있습니다.
(CIP제어번호: CIP2018001762)

* 이 저서는 2014년 정부(교육부)의 재원으로 한국연구재단의 지원을 받아 수행된
연구임(NRF-2014S1A6A4024441).